GUERRA HÍBRIDA E NEOGOLPISMO:
geopolítica e luta de classes no Brasil (2013-2018)

MATEUS MENDES

GUERRA HÍBRIDA E NEOGOLPISMO:
geopolítica e luta de classes no Brasil (2013-2018)

1ª edição
Expressão Popular
São Paulo – 2022

Copyright © 2022 by Editora Expressão Popular Ltda

Produção editorial: *Aline Piva*
Preparação: *Cecília Luedemann*
Revisão: *Lia Urbini*
Projeto gráfico: *Zap Design*
Diagramação: *Mariana Vieira de Andrade*
Capa: *Rafael Stedile*
Impressão e acabamento: *Gráfica Paym*

Dados Internacionais de Catalogação-na-Publicação (CIP)

M538g Mendes, Mateus
Guerra híbrida e neogolpismo : geopolítica e lutas de classes no Brasil (2013-2018) / Mateus Mendes -- 1.ed.— São Paulo : Expressão Popular, 2022.
224 p.

ISBN 978-65-5891-061-9

1. Brasil – Contexto geopolítico. 2. Lutas de classe - Brasil (2013-2018). 3. Golpe de Estado – Brasil. 4. Guerra híbrida – Brasil. I. Título.

CDU 911(81)

Catalogação na Publicação: Eliane M. S. Jovanovich - CRB 9/1250

Todos os direitos reservados. Nenhuma parte deste livro pode ser utilizada ou reproduzida sem a autorização da editora.

1ª edição: maio de 2022

EXPRESSÃO POPULAR
Rua Abolição, 197 – Bela Vista
CEP 01319-010 – São Paulo – SP
Tel: (11) 3112-0941/3105-9500
expressaopopular.com.br
livraria@expressaopopular.com.br
www.facebook.com/ed.expressaopopular

À minha avó Filó
Aos meus avós Maninho, Elsa e Waldemar (*in memoriam*)
À Violeta Jacob Mendes

Sumário

AGRADECIMENTOS 11

PREFÁCIO 17
André Luiz Coelho

APRESENTAÇÃO 23
José Genoino

INTRODUÇÃO 29

CONTEXTO GEOPOLÍTICO E ANTECEDENTES DA CRISE BRASILEIRA 33
    Materialismo histórico aplicado à política internacional
    e a inquebrantável associação entre as dinâmicas
    doméstica(s) e internacional 34
    Imperialismo 38
    A crise orgânica brasileira
    e a disputa pelo poder global 52
    O ciclo progressista na América do Sul 65
    Precedentes da crise orgânica brasileira:
    da redemocratização às manifestações de junho de 2013 70

GUERRA HÍBRIDA 79
    Guerra 80
    As transformações da guerra a partir de 1945
    e a importância da guerra ideológica 85
    Guerra híbrida 89
    Revoluções coloridas 92
    Recapitulação e prévia 100
    Junho de 2013: a revolução colorida brasileira 102
    Lawfare, Operação Lava Jato, geopolítica
    e guerra híbrida 124

Neogolpismo 131
　Golpe de Estado 133
　Neogolpismo: contexto, definição e casos 136
　A sofisticação do neogolpismo (I):
　apresentando as variáveis 154
　A sofisticação do neogolpismo (II):
　articulando as variáveis 168

Conclusão 181

Lista de acrônimos 193

Referências 197

Posfácio 221
Miguel Enrique Stedile

Sobre o autor 224

Aí, aí, não que eu não peque, mas essa PEC tá tirando a favela
Mais um gol contra que muita gente comemorou
É cada 7 a 1 que cai na conta do trabalhador
A mão que bateu panela não é a mão que lava a panela
Foi pra janela cantar o Hino de camisa amarela?

E amarela, morre de medo de encontrar
Favela na lista de aprovados no vestibular
Imagina a tortura, pra quem apoiou a ditadura
Encontrar a filha da empregada de beca na formatura

Mais um gol contra, faltou passar na tela um informe
De que time era a camisa de baixo do uniforme do juiz?
Que foi conivente e pouco diz sobre o golpe que a democracia tomou no nariz
Com tudo transmitido em rede nacional
Com apoio da TV, do rádio, da revista, do jornal
Foi cinematográfico, até escuta ilegal
Um abraço pra quem botou fé no "japonês da federal"

Fica esperto, com dengue, zika e chicungunha
Mas de olho aberto com Temer, Aécio, Eduardo Cunha
São muitos de alto calibre que a quebrada impunha
E acredite: golpista a gente arranca na unha

Terceiro turno: cês não passaram nas urnas
Aliás, não conseguiram explicar a Lista de Furnas [...]

Vai vendo, certo dia estive numa manifestação
Tomei um soco na cara no meio da confusão
No outro dia, jornal, me vi na televisão
"Policial agredido com cabeçada na mão"

Os fins não justificam os meios de comunicação
Se a versão de quem oprime vira nossa opinião
É fácil confundir quem bate com quem te estende a mão
Se te oferecem o céu, te empurrando pro chão
Não vai fazer gol contra e sair comemorando, pelamor
Até torturador tão homenageando
Dois mil e pouco, os sapos sai pelos canos
O opressor tem medo de ver o oprimido levantando
E batendo no peito, gritando: é nóis!
Nosso povo sagaz, desespero pra algoz
Mas eles venceram, sinal fechado pra nós
Ainda vivemos como nossos pais, ou nossos avós
Exalto a voz, solto meu verso na rua
Correndo risco do após, sozinho em noite sem lua
Sei que a maldade é veloz, o mal também não recua
Mas não estamos a sós, a luta continua.

MC Lucas Afonso

Agradecimentos

Minha trajetória educacional e acadêmica praticamente toda foi em instituições públicas, mais especificamente, federais. Essa trajetória começa ainda no segundo segmento do Ensino Fundamental no Colégio Pedro II, continua na graduação na Universidade Federal Fluminense (UFF), passa pelo mestrado na Universidade Federal do Estado do Rio de Janeiro (Unirio) e agora inclui a Universidade Federal do Rio de Janeiro (UFRJ), onde faço o doutorado.

Nesse sentido, os primeiros a quem eu devo agradecer são aos milhões de brasileiros e brasileiras que nunca puderam almejar ingressar em uma universidade ou se beneficiar do ensino de qualidade que o Estado brasileiro pode oferecer. Essa condição de exclusão a que está submetida a esmagadora maioria de nossa população está intimamente ligada a três aspectos marcantes de nossa sociedade e nosso país: o não desenvolvimento, a aviltante desigualdade social e a condição subalterna na política internacional.

Tenho que agradecer a essas pessoas porque a educação de excelência a que tive e tenho acesso é custeada pelo Estado brasileiro e esse, por seu turno, foi e é bancado pele mais-valia extraída de todos os trabalhadores, e é sobre esses explorados que recai o mais caro ônus: a exclusão, a pobreza e a miséria.

Esse gesto de agradecer àqueles que, sem saber, ajudaram a custear minha educação quiçá seja o primeiro ensinamento que me passou André Luiz Coelho, meu orientador no mestrado. É importante registrar que foi um ato involuntário. Esse eu aprendi lendo os agradecimentos da sua tese. Por essas e outras, sou-lhe muito grato. Quando o procurei para orientar minha pesquisa, o fiz por afinidade de agendas, afinal, ambos somos instigados por entender a política latino-americana. No entanto, além da relação de orientação, construímos uma relação de amizade, que ganha mais um capítulo com sua gentileza em assinar o prefácio deste livro.

Gostaria de agradecer também aos professores Igor Fuser e Fabrício Pereira da Silva, que compuseram a banca examinadora.

Assim, estendo meus agradecimentos a tantos acadêmicos e intelectuais que me inspiraram ao longo dessa trajetória e aos demais membros do corpo docente do Programa de Pós-Graduação em Ciência Política (PPGCP) da Unirio. Não poderia deixar de agradecer nominalmente às professoras Maria Villarreal, com quem tive um encontro fortuito que foi importante para eu chegar ao PPGCP, e Marcia Dias, que ministrou a disciplina *Ideologias políticas contemporâneas*, cujas discussões e textos contribuíram sobremaneira para minha pesquisa.

Também merecem minha gratidão todos os servidores e terceirizados que conduzem o trabalho que permite que a Unirio funcione e que, em geral, acabam sendo invisibilizados. Meu agradecimento a Patrícia Quaresma, secretária do PPGCP, se estende a todo esse time.

Também sou grato a todos os colegas do Grupo de Pesquisa em Relações Internacionais e Sul Global (Grisul), coordenado por André Coelho, Enara Echart e Maria Villarreal. Dentre eles, um agradecimento especial a Vinicius Santos, que me ajudou na parte de análise de redes, parte importante do capítulo "Guerra híbrida".

Falando em colegas, um muito obrigado a Joseph Torres e Laura Barão. Nessas pessoas, encontrei companheiros, demonstrado por leituras críticas dos rascunhos e pelos ensaios para a apresentação da qualificação.

Não poderia deixar de agradecer a pessoas que me ajudaram a imprimir uma mudança comportamental sem a qual, certamente, nada disso seria possível. Se consegui retomar a graduação e concluir o mestrado foi porque essas pessoas me mostraram uma nova maneira de viver, nomeadamente Fernando Luiz Alves, Flávio Helder Azevedo Alves, Paulo César de Oliveira, Pedro

Alvim e Sérgio Couto. Agradeço a todos esses companheiros que me ajudaram e ajudam nessa jornada, passo por passo.

Da mesma forma, minha família também foi indispensável nessa trajetória. Assim, agradeço a todo apoio moral e emocional que sempre tive, aos exemplos de perseverança. Muito obrigado a meus avós – dona Filó e seu Maninho –, a minha mãe – Gloria Mendes de Souza –, e a meus irmãos – Miguel Mendes de Souza, Clara Moreno de Souza Melo e Ícaro Moreno de Souza Melo. Nomeando essas pessoas, estendo a gratidão a todos que direta ou indiretamente fazem parte da minha família.

Por falar em família, sou muito grato a Sheila Ribeiro Jacob, minha companheira, com quem divido os prazeres e as angústias de nossa Violeta. Sua ajuda foi diversa. Além do amor, do carinho e do apoio, as conversas sobre a crise brasileira e as várias revisões e correções nesse texto (e nos que o precederam), o exemplo com o compromisso acadêmico e as várias portas que me ajudou a abrir foram muito importantes para que chegasse aqui.

Sheila me presenteou também Silvia Solange Ribeiro Jacob e Antonio Luiz do Nascimento Jacob, duas pessoas a quem minha gratidão não encontra palavras. Sem o apoio dos meus sogros, que nos acolheram nessa pandemia, eu não teria tido tempo e tranquilidade para me dedicar à pesquisa e a à redação do trabalho que serviu de base para esse livro.

A pesquisa me abriu portas e serviu de pretexto para conhecer algumas pessoas. Uma dessas pessoas é José Genoino. Militante aguerrido, literalmente combativo. Intelectual de elevado quilate. Observador arguto da realidade brasileira e mundial. Genoino foi extremamente solícito e me forneceu entrevistas, assistiu atentamente às quatro horas de defesa (sim, a defesa da dissertação durou quatro horas!). Finalmente, aceitou sem pestanejar o convite para fazer a apresentação desse livro, razão pela qual minha gratidão aumentou ainda mais.

Outras duas pessoas com que a pesquisa me presenteou foram Ilton Freitas e Miguel Enrique Stedile. Ambos pesquisam sobre guerra híbrida, um dos temas centrais e certamente o mais delicado do presente trabalho. Além das leituras de rascunhos, os vários e-mails, vídeo conferências e telefonemas ajudaram muito a aprimorar os argumentos. Além disso, meu camarada Stedile merece um agradecimento especial por ter apresentado o original para a Editora Expressão Popular e ainda assina o posfácio.

A propósito, agradeço também à equipe da Editora Expressão Popular por acreditarem no projeto e pela atenção a mim dispensada. Nomeando Miguel Yoshida e Aline Piva, meu agradecimento e reconhecimento ao trabalho de tantos que de alguma forma contribuíram para a avaliação e edição deste livro.

Também devo um obrigado ao *Brasil 247* – aqui representado por Gisele Federice, Paulo Emílio e Leonardo Attuch –; ao Núcleo Piratininga de Comunicação (NPC) – aqui representado por Claudia Santiago –; e à Escola Latino-Americana de História e Política (Elahp) – aqui representada por Elisa Guaraná. O fato desses canais abrirem espaço para que expusesse meu trabalho possibilitou debater as ideias dessa dissertação e, assim, aprimorar os argumentos.

Foi importante também a ajuda de Ana Claudia Giordani, uma das primeiras pessoas a me sugerir que escrevesse sobre revoluções coloridas, e de Roberto Marques. Os convites para congressos e as leituras de rascunhos são dos exemplos das situações nas quais o apoio desse casal de amigos foi de grande valia.

Não poderia deixar de agradecer a Cristiane Barbalho, menos pela revisão do material que mandei para a banca de qualificação do que pelas dicas sobre semiótica, que ajudaram muito a fundamentar a crítica à mídia. Assim como Daniel Campos, que me indicou dois argumentos fortes já na reta final do trabalho.

Por último, mas não menos importante, um agradecimento especialíssimo àqueles que têm me ajudado das mais diversas formas. Começando por Mariana Temoteo. Além da revisão de incontáveis textos, seu carinho, companheirismo e exemplo de superação e perseverança foram, são e serão importantes.

Nesse grupo das pessoas que me ajudaram de diversas formas e cuja não menção seria falta grave entram Adriana Melo, Bernardo Cotrim, Ciro Suárez, Eduardo Neves, Eldemar de Souza, Emerson Xavier, Gaspar Souza, Graça Mendes de Souza, Graciela Rodrigues, Gregory Magalhães Costa, Helder Oliveira, Izabel Costa, João Carlos de Araújo, José Benito, Kátia Mendes de Souza, Leonardo Ogélio, Liliane Ávila, Lourdes Mendes de Souza, Luang Senegambia, Marina Mendonça, Mike Nelson Ramos, Patrícia Siciliano, Priscila Medeiros, Ricardo Moreno de Melo, Rodrigo Ferraz e Rogéria Peixinho.

Em maior ou menor grau, as pessoas listadas ao longo de toda essa seção me ajudaram debatendo a realidade brasileira desde minha adolescência. Em maior ou menor grau, também estiveram e estão ao meu lado nas trincheiras da democracia, são companheiros e companheiras de luta. Infelizmente, não foi possível citar todos e todas, mas estendo meus agradecimentos àqueles e àquelas com quem militei nos tempos de estudante – desde o grêmio do Pedro II – e de Correios; agora, como profissional da educação; enfim, todos que nos últimos anos lutam contra essa agenda reacionária que se busca impor no Brasil.

Peço desculpas àqueles e àquelas de quem me esqueci.

E a quem ontem, hoje e sempre, esteve, está e estará comigo lutando por um mundo melhor ou, no mínimo, para deixar claro que nada do que nos for arrancado deixará de ter a marca de nossas unhas, meu muito obrigado.

Prefácio

André Luiz Coelho[*]

O convite para escrever o prefácio da presente obra é ao mesmo tempo uma alegria e uma honra, tanto pelo apreço que tenho pelo autor do livro como também pelo brilhante conteúdo da pesquisa aqui desenvolvida. Dito isto, penso que a melhor forma de iniciar esse prefácio é falar da maneira como conheci Mateus Mendes: na prova escrita da seleção do mestrado em Ciência Política da Unirio. Naquela manhã, no dia 29 de outubro de 2018, eu fiscalizava a primeira etapa do processo seletivo e fui surpreendido com a sinceridade de um candidato que acabara de entregar a prova e que me abordou falando mais ou menos assim: "Oi, meu nome é Mateus Mendes e eu vou passar nessa seleção de mestrado e quero que você seja meu orientador, porque quero estudar neogolpismo e guerras híbridas na América Latina!". Confesso que na hora fiquei surpreso com a abordagem pouco usual em uma prova de mestrado, mas ao mesmo tempo sorri e me perguntei se de fato aquele candidato seria aprovado ou não. Pouco mais de dois anos e meio após aquele dia a Unirio ganharia um novo mestre em Ciência Política e eu tinha a certeza de que também havia conquistado um novo amigo e parceiro acadêmico, dos melhores que já tive.

Esse breve relato mostra muito bem a determinação e a capacidade intelectual de Mateus, cuja intensa dedicação na pesquisa acadêmica associada a um elevado rigor científico nos brindou como resultado o livro que agora apresento. De candidato ao mestrado, Mateus logo depois de aprovado se tornou meu orientando e um dos membros mais ativos do nosso grupo de pesquisa, o Grupo de

---

[*] Professor da Escola de Ciência Política da Universidade Federal do Estado do Rio de Janeiro (Unirio). Coordenador do Grupo de Pesquisa em Relações Internacionais e Sul Global (Grisul/Unirio).

Pesquisa em Relações Internacionais e Sul Global (Grisul-Unirio). Poucos meses depois, o primeiro fruto dessa nova parceria nasceu, o artigo "A sofisticação do neogolpismo: dos protestos de 2013 à destituição de Dilma Rousseff", publicado na *Revista Sul Global*, oriunda do Instituto de Relações Internacionais e Defesa (Irid) da UFRJ.

Militante, geógrafo, sindicalista, professor, cientista político, intelectual, doutorando em Economia Política internacional e mais recentemente pai. As páginas a seguir mostram claramente as diversas facetas de Mateus, cuja perspectiva teórica e intelectual diversa se mescla muito bem com uma grande consciência política e uma intensa vontade de mudar o mundo para melhor. Cabe aqui ainda a ressalva de que a redação final da dissertação de mestrado de Mateus ocorreu no meio da pandemia da Covid-19 e nos meses finais de gestação de sua filha Violeta, que mesmo sem ter condições de lembrar que esteve presente na defesa da dissertação, saberá no futuro que participou virtualmente do evento ainda no colo de sua mãe.

E é justamente para Violeta e para os/as milhões de latino-americanos/as que acabam de nascer em uma região que até bem pouco tempo, talvez pela primeira vez em sua história, lutava contra centenas de anos de dependência, roubo e estelionato, é que essa obra é endereçada. Para que tanto os futuros como os atuais habitantes dessa região do mundo possam conhecer e entender como a curta trajetória dos governos progressistas na América Latina no poder foi encerrada prematuramente por meio de golpes e neogolpes, com notória interação entre atores domésticos e internacionais que buscaram o fim da aventura autonomista regional e o retorno da fome, da desigualdade e das velhas elites ao poder.

A pesquisa de Mateus é ainda mais relevante quando pensamos no histórico da maior parte dos países da América Latina desde o fim oficial da dominação colonial (conquistado no passado com muita luta e derramamento de sangue nos países hispano-americanos) e o início das novas repúblicas, que desde sua gênese tiveram que alternar breves períodos democráticos com recorrentes eventos de golpes de Estado e um sem-número de ditaduras militares. A literatura da área nos mostra que a democracia, infelizmente, é a exceção por essas bandas. Assim, um dos triunfos da obra de Mateus é mostrar justamente como o *modus operandi* golpista das elites nacionais associadas com o grande capital internacional se reinventa e se atualiza no século XXI.

Nesse novo contexto, o chamado neogolpismo na América Latina toma o protagonismo da ação política, capitaneado pelas velhas elites políticas conservadoras que, associadas a uma parte relevante do sistema jurídico, têm por objetivo retirar presidentes de esquerda ou centro-esquerda do poder, bem como evitar que figuras ligadas ao progressismo tenham a permissão para concorrer em eleições limpas e seguras. Foi justamente o que aconteceu no Brasil a partir das manifestações de 2013, capturadas por organizações de extrema-direita, seguido pelo neogolpe de 2016 que retirou Dilma Rousseff do poder e, finalmente, com o ex-presidente Luiz Inácio Lula da Silva, impedido de participar das eleições presidenciais de 2018 quando liderava com folga todas as pesquisas de opinião, justamente pelo então magistrado Sergio Moro, que logo depois se tornou ministro da Justiça de Jair Bolsonaro, o principal beneficiado da retirada de Lula da disputa. O mesmo ocorre na atual conjuntura com figuras como Rafael Correa e Evo Morales, ex-presidentes do Equador e da Bolívia.

Contudo, o estudo do fenômeno do neogolpismo na academia brasileira ainda é bastante recente e conta com um número reduzido de autores e autoras, como mostra a pesquisa de Mateus, cujo grande trunfo é justamente associar os conceitos de neogolpismo e guerra híbrida nesse cenário, elaborando uma perspectiva totalmente inédita e criativa, demonstrando a necessidade de olhar para além das fronteiras regionais para que possamos entender melhor o que aconteceu na América Latina nas últimas décadas.

Cabe dizer, no entanto, que o que diferencia o neogolpismo do modelo de golpes tradicionais do passado é a ausência de violência explícita na maior parte dos casos, evitando o uso intensivo do aparato militar para retirar presidentes, como costumeiramente acontecia no passado, quando o modelo da "quartelada com tropas nas ruas" se apresentou como a estratégia preferida de ação. Com o advento da redemocratização na América Latina nos anos 1970 e 1980, uma ação militar aberta contra mandatários democraticamente eleitos se mostrou cada vez mais indesejada e até mesmo inviável. No entanto, a chegada dos chamados "governos progressistas", iniciada com a eleição de Hugo Chávez na Venezuela em 1998, mudou o cenário histórico da região, que pela primeira vez contou com mais governos de centro-esquerda que de centro-direita. Esses novos presidentes da chamada "onda rosa" não só mudaram as principais políticas públicas na direção da redução da fome, da desigualdade e da ampliação da integração regional como também foram capazes de se manter no poder pela via eleitoral, conquistando sucessivas vitórias em eleições reconhecidas internacionalmente como limpas e livres de fraudes.

Impossibilitadas de chegar ao poder pela via democrática eleitoral, as elites conservadoras que dominaram esses países no passado assumiram uma estratégia de ação rápida contra mandatários de esquerda, capitaneadas majoritariamente pela oposição nos parlamentos que, em conluio com as cortes supremas de justiça, permitiram a retirada de presidentes em processos ultrarrápidos, que contaram ainda com o apoio velado (ou nem sempre tão velado assim) das Forças Armadas para serem bem-sucedidos. Foi o que aconteceu em Honduras, com a retirada do poder de Manuel Zelaya, em 2009, e no Paraguai, em 2012, quando o processo de *impeachment* contra Fernando Lugo levou menos de 48 horas e não permitiu o devido processo legal de defesa do ex-presidente.

Como poderá ser percebido ao longo da leitura do livro, a pesquisa de Mateus Mendes nos mostra que não podemos pensar no fenômeno do neogolpismo apenas circunscrito à América Latina, especialmente no contexto do século XXI e com o avanço da globalização e das tecnologias de informação, que influíram na formação de redes transnacionais, especialmente aquelas de viés mais conservador e ligadas a grupos, partidos e governos de extrema-direita.

Desse modo, ao já conhecido *modus operandi* do neogolpismo se associou a estratégia da guerra híbrida, que nas palavras de Mateus Mendes "atualiza e complexifica o fenômeno", mostrando que as manifestações de junho de 2013 no Brasil não tiveram como único mote as reivindicações do famoso aumento dos "20 centavos" do transporte público. Elas também foram capturadas e instrumentalizadas por grupos opositores ao governo de Dilma Rousseff, tanto no plano institucional como no plano extrainstitucional. As elites conservadoras entenderam que, para dar certo, a retirada de Dilma Rousseff do poder não poderia acontecer exclusivamente pela via institucional/parlamentar. Por isso, a captura das manifestações de 2013 por grupos financiados e estruturados por lideranças e organizações internacionais permitiu que a "via institucional" caminhasse ao lado "das ruas" ou, em outras palavras, buscou a legitimidade das manifestações populares para fortalecer o processo de *impeachment* no parlamento, sempre contando com o aval das cortes supremas para a viabilização de todos os seus procedimentos. O caso brasileiro, portanto, pode ser considerado mais bem-sucedido do que as retiradas recentes de mandatários progressistas do poder na América Latina, tanto pela adesão de um número relevante de manifestantes nas ruas como pelo lento andamento do processo em si, conferindo uma capa aparente de legitimidade conferida pela dobradinha "manifestações nas ruas + perda do mediano do Congresso".

Portanto, se o leitor ou a leitora deseja entender como o cenário político brasileiro contemporâneo pode ser explicado desde as manifestações de 2013, passando à destituição de Dilma Rousseff da presidência em 2016 e à eleição de Jair Bolsonaro em 2018, o presente livro é fundamental. Com ele é possível compreender como todos os eventos ocorridos no Brasil nas duas últimas décadas podem ser reconhecidos em diversos acontecimentos semelhantes nos países da América Latina no mesmo período, ampliando ainda mais seu entendimento sobre a política e a economia a partir da perspectiva comparada.

Dessa forma, trata-se de obra muito valiosa tanto para o acadêmico como para o militante, mas também para qualquer pessoa que se interesse por política no Brasil e na América Latina, especialmente aqueles e aquelas situadas no campo da esquerda progressista.

Boa leitura!

Rio de Janeiro, setembro de 2021.

Apresentação

José Genoino[*]

A dissertação de Mateus Mendes jogou luz sobre o momento político pelo qual passam o Brasil e o mundo desde a conjuntura aberta pela crise de 2008. De lá para cá, assistimos à reestruturação do capitalismo no que se refere à dominação imperialista e aos processos produtivos – notadamente a revolução tecnológica 4.0. Tudo isso resultou em um reordenamento estratégico, ou seja, na forma como as potências imperialistas trabalham para alcançar seus objetivos.

A hegemonia neoliberal adquiriu novas formas. No bojo dessas transformações, desenvolveu novas maneiras para travar a disputa pelo poder. No terreno da tática e da estratégia, esse conjunto de inovações ficou conhecido como guerra híbrida.

Ao analisar o momento político brasileiro a partir de uma guerra híbrida, Mateus o situa no jogo geopolítico a envolver interesses monopolistas, financeirização e destruição. Monopolista porque passa pela disputa sobre as *commodities*, seja de proteínas animal e vegetal, seja mineral. Financeirização porque inclui o rebaixamento das condições de trabalho e o acesso aos fundos de pensão. Por fim, destruição porque inclui demolir tudo o que foi construído pelos governos progressistas.

Essa reestruturação exigiu uma contrarrevolução conservadora, que, por sua vez, foi precedida por uma disputa de valores, por uma disputa no terreno da guerra cultural, no terreno da educação, dos valores da defesa do mercado, do individualismo e da família tradicional. Depois de 1991, com o fim da União Soviética, houve um fortalecimento dos valores do capitalismo, por meio da ideologia neoliberal.

---

[*] Foi combatente no Araguaia, deputado constituinte, deputado federal, presidente nacional do Partido dos Trabalhadores (PT) e assessor do ministro da Defesa.

O ciclo de governos progressistas na América Latina representou um revés à utopia neoliberal. Mesmo lidando com limitações objetivas, esses governos simbolizaram e simbolizam a resistência à lógica de acumulação sem freios; trabalharam e trabalham pela construção de um polo contra-hegemônico. Então era necessário reafirmar aqueles valores para legitimar a própria ordem capitalista e a hegemonia dos Estados Unidos.

Para tanto, era necessária uma contrarrevolução, que no Brasil foi levada a termo por uma guerra híbrida. A deslegitimação pela qual passou o governo da presidenta Dilma Rousseff está bem retratada no livro *Da ditadura à democracia*, de Gene Sharp. Lá está claro: primeiro é preciso fazer uma guerra para desgastar, e para isso, há que se recorrer a reivindicações legítimas deturpando seus sentidos, como aconteceu aqui a partir de 2013.

A pesquisa, que agora vira livro, mostra que a guerra híbrida aposta no caos, mas que ela tem um objetivo, que é o poder político. O poder político pode ser conquistado, no limite, pela força bruta. Porém, se for possível, a dissimulação é mais eficiente. E no Brasil o ataque foi dissimulado. Uma revolução colorida, com feições de movimento de massas. Um golpe travestido de *impeachment*. Uma eleição manipulada com cara de combate à corrupção.

De 2016 para cá, o que se vê é uma espécie de autoritarismo institucionalizado. Tudo passou por dentro das instituições, que foram instrumentalizadas para a guerra. Dentre os mecanismos dessa nova modalidade de guerra que encontrei nas reflexões do Mateus destaco a justiça de exceção, que traz para o campo da justiça conceitos do campo militar: operação, força-tarefa, inimigo, comandante, alvo. O maior exemplo disso é a Operação Lava Jato, que operou com base no direito penal do inimigo. Esse maniqueísmo amigo-inimigo é uma tradução "moderna" do conceito de guerra revolucionária, que teve presente na Guerra Fria. Qual era o centro da doutrina da guerra revolucionária? A ideia de que o povo é fraco, não pode ter autonomia nem soberania total, e que os políticos em geral são incompetentes e corruptos. Então há que se ter uma força política e militar "pura" para dirigir a sociedade, a nação e o Estado. Os conceitos doutrinários da "guerra revolucionária", da "guerra cultural", da "guerra contra o politicamente correto" e do "marxismo cultural" aderem a uma visão autoritária e conservadora presente na formação das Forças Armadas. Isso se expressa no salvacionismo do monopólio do patriotismo, do Estado coercitivo como razão suprema para os militares e na autonomia dentro do Estado, na relação com a sociedade, com institucionalidade e com os demais entes políticos. A expressão constitucional dessa doutrina está definida no papel político e constitucional das Forças Armadas por intermédio do artigo 142 da Constituição Federal, "a lei e a ordem". Das sete constituições brasileiras, somente duas não tratam disso. Essa expressão está servindo para tentar resgatar o mito do Poder Moderador, um poder acima dos poderes republicanos. Acrescento ainda que desde a época da ditadura militar, as operações de Garantia da Lei e da Ordem (GLO) sempre foram precedidas pelo conceito de guerra psicológica e adversa e as ações cívico-sociais.

Essas questões são muito interessantes porque colocam a política como se fosse a continuação da guerra. Em vez de a guerra ser a política por outros meios, trata-se da política como a continuação da guerra por outras formas. É uma forma dissimulada, mas os conceitos de inimigo, de comando, de tomada do poder que não é mais pela quartelada estão presentes.

As reflexões que Mateus traz são importantes porque vinculam a guerra híbrida aos objetivos estratégicos dos aparelhos de coação do Estado. Isso me chamou atenção, pois mostra que uma das questões centrais é a manutenção da lei e da ordem. Tanto no livro Guerras híbridas, de Korybko, quanto em *Da ditadura à democracia*, de Gene Sharp, aparece essa questão da ordem capitalista: os valores do mercado, os valores do individualismo, os valores da negação da sociabilidade, os valores da família tradicional, os valores do dinheiro, como razão suprema dessa motivação.

Nesse sentido, acho interessante que seja impossível ter um sistema de efetivação dos objetivos da guerra híbrida sem uma ação combinada que mexa com o sistema de justiça, o sistema midiático – que projeta a disputa por hegemonia – e também uma espécie de retaguarda da força. São partes essenciais que Mateus explicita bem e que eu coloco aqui como pilares desse novo modelo de enfrentamento. Porém, eu acrescentaria que há três tipos de guerras mundiais que aconteceram no mundo após as derrotas no Vietnã, no Iraque e, por que não dizer, agora no Afeganistão, e que têm a ver com a conjuntura analisada neste livro.

A primeira é a "guerra contra as drogas". Trata-se de uma ofensiva mundial que ajustou e adequou as instituições de inteligência e de repressão do Estado; que foi inchando o sistema penal com jovens negros e negras. Essa foi a principal causa do inchaço das cadeias. Por meio da Convenção Antidrogas, criou-se a parceria entre os aparelhos de coerção dos Estados, membros da ordem ocidental capitalista cristã. A segunda foi a "guerra contra o terrorismo", uma combinação de guerra convencional e guerra não convencional. A terceira foi a "guerra contra a corrupção". Ela foi mais sofisticada, criando uma parceria entre os Ministérios Públicos, adequando as legislações nacionais. Vêm daí os conceitos de força-tarefa, operação, alvo e inimigo, sendo que os inimigos são sempre as forças progressistas e de esquerda, que passam a ser tratadas e retratadas como forças corruptas e corruptoras, como organizações criminosas. E nesse ponto eu faço questão de pontuar que nós não percebemos que uma guerra desse tipo estava em curso, e nós oferecemos leis que a fortaleceram: a lei ficha limpa, a lei da delação premiada, a lei de organização criminosa, a lei antiterror. Não é por acaso que hoje estão avançando com a lei antiterror para poder criminalizar os movimentos sociais.

Essas três grandes ofensivas guerreiras do imperialismo se baseavam em três núcleos estratégicos do capitalismo contemporâneo. O primeiro é a articulação entre os aparatos militares – serviço de inteligência, de informação e contrainformação –, articulação liderada pela Organização do Tratado do Atlântico Norte (Otan). Não é por acaso que aqui no Brasil o golpe produziu a reestruturação do Gabinete de Segurança Institucional (GSI), que passou a coordenar um enorme aparelho de inteligência e controle. O outro braço são os grandes grupos financeirizados. Hoje, a maioria das grandes empresas que atuam no mundo resultam de uma fusão com algum banco, comercial ou de investimentos. O terceiro núcleo é a mídia, sejam os veículos tradicionais, sejam as novas plataformas digitais. Em ambos os casos se trata de uma oligopolização da comunicação e da distribuição de conteúdo. No entanto, as novas plataformas se distinguem dos antigos veículos porque elas são importantes instrumentos para a guerra nas redes sociais.

Esses três grandes aparelhos de dominação de corações e mentes, de narrativa, de ordem, são muito fortes. Nesse sentido, eu acho que para a esquerda compreender a necessidade de uma outra estratégia, de um outro modelo de organização institucional, de um outro modelo de visão de Estado, outro modelo de visão mundial, outro modelo de financiamento de políticas públicas, ela tem que derrotar essa hegemonia que está montada para manter a ordem capitalista.

Porém, a realidade é dinâmica, e já há hoje aspectos que tornam o momento presente distinto do período analisado – extremamente recente, diga-se. Inclusive, algumas dessas mudanças podem facilitar a luta da esquerda. E quais são essas diferenças? Primeiro, a direita truculenta está perdendo força no mundo, ainda que o primeiro resultado disso seja a retomada da hegemonia da direita gourmet. Além disso, o momento atual é também uma crise civilizacional, o que favorece a deslegitimação dessa ordem. A pandemia ocasionada pelo coronavírus expôs à luz do dia as vísceras do sistema. Em terceiro lugar, há uma evidente divisão entre eles, como bem ilustram as divergências entre Estados Unidos e União Europeia. Finalmente, há um elemento novo e um tanto inesperado: a retomada de fôlego das forças de resistência na América do Sul, como no Chile, na Bolívia, no Peru e na Colômbia.

Em contrapartida, essa janela de oportunidade coloca um dilema para a esquerda. A esquerda não pode ficar apenas administrando danos ou reduzindo prejuízos. É importante tratar do futuro. A esquerda tem que ser capaz de construir um bloco social e histórico para a disputa pelo poder. Mas também há que se destacar que essa disputa é político-institucional e político-ideológica. Precisamos disputar a subjetividade da população. Não podemos cometer os mesmos erros.

A pesquisa de Mateus contribui para dar a dimensão não só do golpe de 2016, mas também da sua preparação com as manifestações de 2013. O trabalho de investigação mostra que estamos disputando não contra um governo qualquer, mas contra um modelo, contra uma visão de Estado, de sociedade, de democracia, de direitos sociais. Então, penso eu, para travarmos essa luta temos que disputar a subjetividade das pessoas e isso se faz com projeto, com utopia. Acho que se nós não desfraldarmos a bandeira de refundação das instituições democráticas, refundação dos conceitos, até mesmo do conceito de nação, nós não vamos resgatar o conceito de utopia, de sonho para encantar a juventude e convocá-la para formarmos, nos termos em que Gramsci coloca, um grande movimento social histórico, em um grande movimento que articule as lutas ambiental, pelos direitos das mulheres, dos negros, dos indígenas e das comunidades LGBTQIA+. Não é por acaso que, nessa disputa, os movimentos indígenas e quilombolas têm uma radicalidade muito grande, porque significa a reparação.

Seu trabalho contribui para que a esquerda abra a cabeça para ter um programa que seja abrangente. Há de se dar conta de todas essas múltiplas facetas da crise: precisamos de radicalidade, de profundidade e de se tratar da questão do poder político. Temos de enfrentar esse processo de refundação das instituições e do próprio país.

São Paulo, setembro de 2021.

Introdução

> E as paredes do meu quarto vão assistir comigo
> À versão nova de uma velha história.
> Cazuza, *Down em mim*

Antes de introduzir o leitor e a leitora ao texto, julgo importante fazer duas considerações. Este livro é resultado da pesquisa que desenvolvi no meu mestrado em Ciência Política na Universidade Federal do Estado do Rio de Janeiro (Unirio). Eu e os editores buscamos mantê-lo o mais fiel possível em relação à dissertação defendida em fevereiro de 2021. Nesse sentido, friso que não acrescentei novos argumentos nem mobilizei novos autores ou textos ao documento original que foi submetido à banca, ou seja, as mudanças são apenas formais.

A outra consideração é sobre junho de 2013. É consenso que aquelas manifestações iniciaram uma nova quadra histórica no país. O consenso, no entanto, acaba aí. Quer por simpatia, quer por reprovação, aqueles eventos mobilizam e continuarão mobilizando paixões por muitos anos. Minha posição acerca de junho de 2013 está clara no texto, porém, penso ser prudente antecipar parte dessa discussão a fim de já desfazer alguns possíveis mal-entendidos.

A primeira observação é que entendo que aquelas manifestações podem ser classificadas como uma revolução colorida. Além disso, há que se frisar que os atos começaram como um movimento de esquerda. Não há qualquer indício do contrário. A terceira é que eu questiono frontalmente as teses hegemônicas e complementares, desde a direita até a esquerda, de que o agigantamento dos protestos foi fruto do que chamei de "repentina e espontânea indignação solidária" e que a direita capturou os atos quando esses já eram multitudinários. Como se verá ao longo do texto, quando os atos passaram a reunir dezenas, e depois centenas, de milhares de pessoas, eles já estavam sob hegemonia da direita. Finalmente, em que pese um ou outro fruto positivo, a meu ver o resultado geral de 2013 é negativo: o golpe de 2016, a vitória de Bolsonaro e a ascensão do neofascismo são filhos legítimos daqueles atos, e não seus bastardos.

Isto posto, passemos à introdução propriamente dita.

O Brasil passa pelo que a literatura denomina crise orgânica, a mesclar aspectos políticos, econômicos e sociais (Silva, F. P., 2019). Organicidade essa a qual, desde março de 2020, adicionou-se uma trágica dimensão sanitária decorrente das opções irresponsáveis principalmente por parte do governo, mas também por parte expressiva da população. Essa crise se iniciou com as manifestações de junho de 2013, passou pela derrubada da presidenta Dilma Rousseff em 2016, culminou na eleição de Jair Bolsonaro, em 2018, e se estendeu até o presente. Por questões metodológicas, o governo genocida de Bolsonaro não fez parte da pesquisa, afinal, estudos científicos exigem um recorte definido e um distanciamento temporal mínimo.

Ainda que os eventos pós 1 de janeiro de 2019 não tenham sido analisados, há que se deixar claro que essa tragédia humanitária é filha legítima do processo iniciado em 2013. Não há tempo ou espaço para tergiversações, porque a burguesia brasileira não tergiversou: em nome da acumulação de capital, ela apostou na interrupção de um projeto moderadamente inclusivo, e ganhou; patrocinou e patrocina um projeto neofacista.

A busca por compreender essa crise orgânica foi o que motivou minha pesquisa de mestrado. Nesse percurso investigativo, deparei-me com dois conceitos que sintetizam, cada um deles, uma abordagem que oferece ferramentas analíticas que, no meu entender, ajudam na compreensão dessa crise e, consequentemente, permitem formular enunciados que se proponham a explicar o que está acontecendo no Brasil. Esses conceitos são guerra híbrida e neogolpismo.

A guerra híbrida é um conceito que procura sistematizar as transformações pelas quais passaram as táticas bélicas de modo a se adaptar aos condicionantes e às possibilidades contemporâneos.

Na guerra híbrida, a racionalidade do combate tradicional é subvertida. Ocorre o embotamento dos métodos e dos atores, de modo a não se ter claro quem são os combatentes e quais são os métodos. Muitas das operações são executadas por civis e não por militares (Fiori, 2020; Hoffman, 2007; Korybko, 2018a).

Há ainda dois aspectos concernentes às guerras híbridas que devemos destacar. Um é que elas podem se desenvolver e alcançar seu objetivo sem que necessariamente ocorram conflitos armados. Nesse caso, por meio de suas técnicas de dissimulação, as guerras híbridas podem parecer revoltas populares espontâneas e repentinas. Outro aspecto é o seu vínculo com a estratégia geopolítica dos Estados Unidos (Fiori, 2020; Korybko, 2018a).

Já os neogolpes, como fenômeno, surgiram devido a duas necessidades por parte das elites latino-americanas: restabelecer os padrões de acumulação dos anos 1980 e 1990, que são pouco palatáveis ao eleitorado; e ajustar o golpe de Estado às limitações e aos constrangimentos não só da opinião pública doméstica e internacional, mas também dos regimes internacionais. Como conceito, surgiu da necessidade de denunciar que a deposição de Manuel Zelaya, em Honduras (2009), foi um golpe de Estado, ainda que com feições que escapam à compreensão geral desse fenômeno. O conceito ganhou força a partir da derrubada de Fernando Lugo, no Paraguai (2012), e de Dilma Rousseff, no Brasil, em 2016 (Coelho e Mendes, 2020; Coelho e Monteiro, 2017; Monteiro, 2018; Pereira da Silva, 2019).

Em um neogolpe, os militares cedem o protagonismo para agentes de outras instituições. Essa modalidade de golpe é executada de forma articulada entre setores do sistema de justiça, do parlamento e da mídia oligopolista. Além disso, os neogolpes preservam a ordem institucional, ainda que os instrumentos institucionais sejam subvertidos, com vistas a escamotear o caráter golpista do processo e assim ludibriar a opinião pública nacional e internacional (Coelho e Mendes, 2020; Coelho e Monteiro, 2017; Monteiro, 2018; Pereira da Silva, 2019).

Antecipando parte da discussão desenvolvida ao longo do trabalho, há ainda que fazer uma observação acerca de uma variável relacionada à estabilidade/instabilidade na América Latina. Essa variável são as mobilizações populares. Como se verá, elas foram decisivas para selar a sorte dos governantes no período democrático anterior ao neogolpismo (1978-2009). Nos neogolpes hondurenho e paraguaio, todavia, essa variável não se apresentou, ao passo que no neogolpe brasileiro a dinâmica das ruas foi determinante (Coelho e Mendes, 2020).

Como se percebe, as duas abordagens partem da ideia de que fenômenos políticos que acompanham as sociedades há séculos passaram por transformações. São golpes, são guerras, mas com novas feições, adaptadas à realidade hodierna. Por último, mas não menos importante, neogolpes e guerras híbridas contam com expedientes diversionistas cuja finalidade é fazer parecer ser tudo menos o que são: golpes e guerras.

O que defendi no mestrado, e que agora se apresenta neste livro, é que o neogolpe ocorrido no Brasil fez parte de uma guerra híbrida. Nesse sentido, a diferença do neogolpe ocorrido aqui em relação aos que ocorreram em Honduras (2009) e no Paraguai (2012), e que resultou no sucesso materializado entre outros pela sua aceitação, normalização e assimilação por parte majoritária da academia, é justamente o fato de que no Brasil o fenômeno foi atualizado e complexificado por táticas de guerra híbrida. Essa atualização e complexificação se materializa na conjuntura aberta pelas manifestações de junho de 2013. Como toda revolução colorida, aquelas manifestações desestabilizaram politicamente o país, mobilizando enorme contingente em um movimento aparentemente espontâneo e "apolítico". Foi a revolução colorida de junho de 2013 que pavimentou o caminho para os grupos políticos que, desde 2016, se instalaram no Planalto e vêm implementando governos de corte ultraliberal e de submissão do Brasil aos interesses dos Estados Unidos.

Contexto geopolítico e antecedentes da crise brasileira

> Mas os ianques, com seus tanques
> Têm bem mais o que fazer
> E proíbem os soldados
> Aliados de beber
>
> A cachaça tá parada
> Rejeitada no barril
> O alambique tem chilique
> Contra o Banco do Brasil
>
> O usineiro faz barulho
> com orgulho de produtor
> Mas a sua raiva cega
> Descarrega no carregador
>
> Este chega pro galego
> Nega arrego, cobra mais
> A cachaça tá de graça
> Mas o frete como é que faz?
>
> O galego tá apertado
> Pro seu lado não tá bom
> Então deixa congelada
> A mesada do garçom
>
> O garçom vê um malandro
> Sai gritando: Pega ladrão
> E o malandro, autuado
> É julgado e condenado culpado
> Pela situação.
>
> Chico Buarque, *O malandro*

Materialismo histórico aplicado à política internacional e a inquebrantável associação entre as dinâmicas doméstica(s) e internacional

No capitalismo, há um estreito e inquebrantável nexo entre os mais significativos eventos que ocorrem a montante e a jusante das fronteiras do Estado territorial. Nesse sentido, analisei a crise orgânica pela qual passa o Brasil a partir do prisma do materialismo histórico e dialético, porque entendo que tanto as condições materiais limitam e possibilitam a ação dos seres humanos quanto essas ações transformam as condições materiais que influenciarão as próximas realizações.

É muito importante partir dessa consideração, porque a solução de continuidade da experiência brasileira de um governo de esquerda, preocupado com questões sociais, e pautado pela busca pela autonomia do país da arena internacional não foi obra do acaso. A crise e suas consequências são fruto do embate entre os agentes políticos, que, por sua vez, tomaram suas decisões com base nas condições materiais que se apresentavam. Nas palavras de Karl Marx (2011, p. 25), os seres humanos "fazem a sua própria história; contudo, não a fazem de livre e espontânea vontade, pois não são eles que escolhem as circunstâncias sob as quais ela é feita, mas estas lhes foram transmitidas assim como se encontram".

Fred Halliday (2007) identifica quatro temas na análise das relações internacionais a partir do prisma analítico do materialismo histórico. O primeiro diz respeito aos fatores socioeconômicos, a forma como a sociedade a ser analisada estrutura sua vida econômica. Assim, as relações internacionais

> são o estudo das relações entre as formações sociais e não o das relações entre os Estados. A partir do momento em que se aplica esta percepção às questões do internacional, uma clara mudança de foco é visível. Assim, o Estado não é mais percebido como uma corporificação do interesse nacional ou da neutralidade judicial, mas sim como locus dos interesses de uma sociedade específica ou de uma formação social definida por sua estrutura socioeconômica. (Halliday, 2007, p. 74)

O segundo tema é a história. Há que se considerar como os fatores históricos influenciam a tomada de decisão dos seres humanos quando esses travam a luta política. O passado se manifesta por meio das condições socioeconômicas dadas no momento em que o evento político ocorre e por meio da racionalidade dos agentes, que traz consigo "paixões, ilusões e identificações inconscientemente herdadas de outras épocas" (Halliday, 2007, p. 75).

O terceiro tema que Halliday (2007, p. 76-77) aponta é a "centralidade das classes como atores na vida política doméstica e internacional". Uma abordagem das relações internacionais a partir do materialismo histórico articula a luta de classes em dois níveis. No nacional, as classes dominantes buscam subjugar as classes dominadas. No internacional, "cada classe dominante tem sido capaz de utilizar o caráter internacional do capitalismo para preservar a sua posição dentro da sociedade, aliando-se com outras, e para identificar na arena internacional um terreno para a expansão de seus interesses e poder".

O quarto tema é o do "conflito e do seu apogeu, a revolução". Os conflitos emergem da diferença socioeconômica entre as classes ou frações de classe. Seu *leitmotiv* é a reorganização política, social e econômica em um determinado território, ou seja, a redefinição das relações de poder e da forma como a riqueza é gerada, apropriada e distribuída. Já as revoluções "são eventos que, nascendo de conflitos profundos dentro de uma estrutura socioeconômica, levam a mudanças no caráter social dos Estados e a mudanças substanciais no caráter da política internacional" (Halliday, 2007, p. 79).

Como pretendendo demonstrar ao longo do trabalho, é de grande utilidade trabalhar com esses quatro parâmetros do materialismo histórico para analisar a crise orgânica pela qual passa o Brasil desde 2013. E sob esse prisma, as dimensões doméstica e internacional do caso brasileiro são indissociáveis, não por uma especificidade sua, mas pela natureza do capitalismo e de como se dão as relações internacionais sob o capitalismo.

Se o capitalismo e o moderno sistema interestatal estão intimamente relacionados, pode-se dizer que "as classes e a luta entre elas [...] estão presentes no sistema mundial [...] A internacionalização do interesse de classes, todavia, não diz respeito apenas ao proletariado, porque a burguesia é ainda mais articulada no plano internacional" (Visentini, 2019, p. 5). Essa relação pode ser observada de forma evidente em alguns dos principais eventos da história do capitalismo. Certamente, os casos mais eloquentes são os das Revoluções Francesa (1789) e Bolchevique (1917). Porém, no século XIV, a luta de classes em Florença e a disputa (mercantil e bélica) no norte da Itália, especificamente, e na Europa, em geral, são eventos indissociáveis e que compõem uma passagem decisiva na história do capitalismo no momento em que esse se consolidava como sistema hegemônico a organizar a produção e reprodução da sociedade (Arrighi, 2013).*

A crise brasileira não escapa a essa regra. Conquanto essa relação seja mais bem trabalhada nos próximos capítulos, é interessante ilustrar como a crise brasileira envolve luta de classes e relações internacionais. A Operação Lava Jato é um bom exemplo. Ela ajudou a derrubar a presidenta Dilma Rousseff e a impedir a eleição de Luiz Inácio Lula da Silva no pleito de 2018. Sergio Moro, que fora o juiz responsável pela operação até 2018, assumiu

---

* Em 1378, tecelões e cardadores sublevaram-se exigindo melhores salários e o direito de se organizar. A intransigência dos (proto)capitalistas levou a uma revolta popular que culminou na tomada do Estado florentino por parte dos trabalhadores, evento consagrado pelo nome de Revolta dos *Ciompi*. Em resposta, o patronato promoveu sua própria greve e transferiu o excedente de capital. "À medida que o capital excedente foi transferido com peso cada vez maior para o financiamento da guerra no sistema entre as cidades-Estados italianas e na economia mundial europeia em geral, a demanda por recursos bélicos cresceu vertiginosamente, em benefício dos estaleiros de Veneza e, mais ainda, da indústria bélica de Milão" (Arrighi, 2013, p. 105). Estão presentes aqui alguns dos fundamentos do capitalismo: luta de classes; a fluidez do capital; a exploração, por parte do capital, das especificidades (diferenças) espaciais; a lucratividade do financiamento das guerras.

o Ministério da Justiça no governo de Jair Bolsonaro e participara de treinamentos promovidos por órgãos do governo dos Estados Unidos.* Por seu turno, o procurador Deltan Dallagnol, chefe dos promotores na operação, recebeu recursos da Federação das Indústrias do Ceará (Fiec) (Cerioni, 2019) e da XP Investimentos (Conjur, 2019), instituições muito interessadas na agenda de desregulamentação da legislação trabalhista que viria a ser promovida após o golpe de 2016. O vínculo da Lava Jato com o neoliberalismo fica explícito também na sua disposição de proteger Fernando Henrique Cardoso, um dos símbolos do neoliberalismo no Brasil. Quando as investigações se aproximaram do ex-presidente, Moro desaconselhou a continuidade porquanto não pretendia "melindrar alguém cujo apoio é importante" (Martins, Audi, Demori, Greenwald, 2019). A Lava Jato enfraqueceu o Brasil no cenário internacional, não apenas nos casos supracitados, mas também pela redução da participação de empresas brasileiras no mercado internacional. Finalmente, a Lava Jato promoveu crises político-institucionais no Equador e no Peru, propiciou que a ex-presidenta chilena Michelle Bachelet fosse investigada e inspirou a "Lava Jato Argentina" contra a ex-presidenta e atual vice-presidenta Cristina Kirchner (Mendes, Lima e Fernandes, 2020).

Além disso, o golpe de 2016 alterou o perfil da política externa brasileira (PEB), como bem demonstra a inflexão na postura do Brasil na região. Desde ao menos 1978, quando da assinatura do Tratado de Cooperação Amazônica, o Brasil sempre fora entusiasta da integração regional. O empenho na integração regional em geral e a criação da União de Nações Sul-Americanas (Unasul), em 2008, especificamente eram, quiçá, o melhor exemplo do que falam os diplomatas: "a PEB é uma política de Estado, e não de governo". Desde Ernesto Geisel, cada um dos presidentes brasi-

---

* Para mais detalhes da relação de Moro com o Departamento de Estado, veja Giovanaz (2017). Para maiores detalhes da relação de Moro como o Departamento de Justiça, veja Nassif (2019).

leiros deixou sua contribuição para essa agenda, em um processo cumulativo. Para não ser exaustivo, lembremos que, embora a Unasul tenha sido criada no governo de Luiz Inácio Lula da Silva, sua pedra fundamental fora lançada por Fernando Henrique Cardoso (FHC), quando, sob sua liderança, os demais presidentes sul-americanos se reuniram em Brasília na I Reunião de Cúpula da América do Sul, em 2000. Não obstante, em 2018, o Brasil suspendeu sua participação na Unasul e, em 2019, abandonou a instituição que materializava os esforços de mais de 40 anos de PEB no sentido de integrar a região.

Por essa dimensão internacional que possui a crise brasileira, parte-se do entendimento de que ela deve ser analisada sem que se perca de vista que ela comporta e se insere em um quadro de lutas no plano interno e externo. Afinal, como se verá, ela é uma sucessão de eventos que, ao mesmo tempo que reflete o recrudescimento da luta de classes no Brasil, possui condicionantes e reflexos internacionais. Em relação à dimensão internacional da crise, há um aspecto da dinâmica global de poder que é central para a análise. Esse aspecto é o imperialismo.

Imperialismo

Nos dez anos que se seguiram ao fim da Guerra Fria, a palavra "imperialismo" praticamente havia sido proscrita (Arrighi, 2008; Boron, 2007). O que a trouxe à superfície novamente foi uma dupla mudança. De um lado, passaram a ganhar força movimentos de contestação ao imperialismo estadunidense. Esses movimentos desempenharam um papel importante para que o tema retornasse à agenda na academia, na política e na sociedade em geral e tiveram na América Latina alguns dos seus marcos: a Insurreição Zapatista (México, 1994) e o Fórum Social Mundial (Brasil, 2001). No cenário latino-americano, essa contestação tinha uma particularidade: a crítica ao imperialismo era associada à crítica ao neoliberalismo (Boron, 2007). Por outro lado, uma nova ofensiva imperialista por parte dos Estados Unidos, que usaram os atentados de 11 de setembro de 2001 como pretexto para implementar um projeto de dominação, tornou inevitável que o imperialismo retornasse ao centro dos debates acerca de política internacional (Arrighi, 2008).

Segundo Vladimir Lenin (2012), o imperialismo consiste em uma relação de dominação que alguns Estados impõem não apenas a territórios coloniais, mas também a Estados autônomos. Na caracterização feita pelo autor, alguns aspectos dialogam com a pesquisa em tela, como a formação de monopólios, decorrentes da elevada concentração de capital, que possuem significativa ascendência sobre a vida econômica; e de uma oligarquia financeira, criada a partir da fusão do capital industrial e do capital bancário. Além disso, as exportações de capitais passam a ganhar cada vez mais relevância. Finalmente, o imperialismo reforça a tendência expansionista do capitalismo.

É possível também depreender um aspecto da política imperialista particularmente interessante para a análise da crise brasileira. O imperialismo mitiga os conflitos domésticos transferindo-os (em parte) dos territórios dos Estados imperialistas para os territórios dominados. Afinal, nas palavras de Cecil Rhodes, "o império, como sempre digo, é uma questão de estômago. Se quereis evitar a guerra civil, deveis tornar-vos imperialista" (*Die Neue Zeit*, 1898, p. 304, apud Lenin, 2012, p. 112).

Mais recentemente, alguns autores revisitaram o conceito à luz das transformações ocorridas ao longo do quase um século com base na obra de Lenin. Samir Amin (2005), por exemplo, aborda a diferença de perfil entre o desenvolvimento capitalista no centro e na periferia do sistema e como isso viabiliza a dominação imperialista. Já Atilio Borón (2007) observa que há uma relação entre imperialismo e neoliberalismo e destaca a importância dos movimentos sociais latino-americanos para o enfrentamento de ambos. Explica também que o imperialismo do final do século XX e começo do XXI possui diferenças em relação ao do período em que Lenin o analisou. Dentre elas, o autor frisa o pilar cultural e ideológico da hegemonia estadunidense, exercido por intermédio da desproporcional participação dos Estados Unidos na circulação de ideias e na produção audiovisual de forma a "universalizar" o *American way of life*, como demonstra a disseminação de costumes como calça *jeans*, *fast food* e *rock*.

Outro autor que se dedicou a analisar o imperialismo contemporâneo foi David Harvey (2011). Dentre suas observações acerca do fenômeno, a principal é a de que ele não pode ser reduzido às intervenções militares, apesar de estas serem a expressão mais visível e óbvia do imperialismo. Para Harvey, o imperialismo é um conjunto de práticas políticas pelo qual um Estado se apropria da riqueza de outro Estado; quando um Estado gera bem-estar em seu território às custas dos recursos naturais e sociais de um território além dos seus domínios. Essa apropriação pode ocorrer de várias maneiras.

Atualmente, a principal prática imperialista é a que ele chama de "acumulação por espoliação", uma versão contemporânea daquilo que Marx definiu como "acumulação primitiva". "O que a acumulação por espoliação faz é liberar um conjunto de ativos (incluindo força de trabalho) a custo muito baixo (e em alguns casos, zero)" (Harvey, 2011, p. 124).

Os principais expedientes da acumulação por espoliação são a privatização, o sistema internacional de crédito, a venda de matéria-prima a preços muito baixos e a depreciação da mão de obra. Todos esses elementos são articulados pelo neoliberalismo. Portanto, a adoção do neoliberalismo por parte dos Estados periféricos e semiperiféricos funciona como instrumento do imperialismo, uma vez que permite aos Estados centrais se apropriarem dos recursos de territórios fora de seus domínios (Harvey, 2011).

Aqui se faz necessário uma breve discussão acerca do conceito de território, dessa relação entre espaço e poder. Do ponto de vista epistemológico, o território é o ponto de interseção entre a Geografia, a Ciência Política, o Direito Internacional e a Economia. No caso das Relações Internacionais, campo da Ciência Política, essa relação fica ainda mais evidente. Nas mais diversas escalas, as sociedades tanto se apoiam no território quanto o organizam segundo seus interesses. Rogério Haesbaert (2016, p. 40) lista algumas acepções que o conceito possui. Cada uma enfatiza um determinado aspecto do território. Pela sua dimensão econômica, o território é a "fonte dos recursos e/ou incorporado no embate entre classes sociais e na relação capital-trabalho, como na divisão 'territorial' do trabalho". Sob o prisma (jurídico-) político, trata-se de "um espaço delimitado e controlado, por meio do qual se exerce um determinado poder, na maioria das vezes – mas não exclusivamente – relacionado ao poder político do Estado".

Para o Direito Internacional, o Estado possui três dimensões: o governo (que "garante a soberania interna e externa"), o território (que possui "limites claramente definidos") e o povo ("total de cidadãos que o compõe") (Mazzuoli, 2018, p. 378). O território é a base material do Estado e esse possui exclusividade para determinar, autorizar e controlar como o seu território será usado ou organizado. Finalmente, há que se observar que a conquista é uma forma não autorizada de aquisição territorial (Portella, 2016; Mazzuoli, 2018).

Assim, se pode depreender duas conclusões. Pela jurisdição internacional vigente, o Estado conjuga as dimensões econômica e política do território, anteriormente citadas, ou seja, o Estado é a entidade que detém o poder de decidir como se dará a exploração econômica de determinado território. A segunda conclusão é que, estando juridicamente proscrita a aquisição violenta de territórios, o acesso aos seus recursos, sejam eles sociais, sejam naturais, depende do consentimento do governo do Estado em cuja jurisdição se encontram tais recursos econômicos. Portanto, as estratégias globais de poder se caracterizam também por buscar uma maneira de organizar o território sobre o qual se apoia a economia internacional.

Claude Raffestin (1993) apresenta uma representação imagética do poder, na qual esse é a resultante de dois vetores ortogonais: informação e energia. Assim, "é possível dizer que há poderes com forte componente energético ou, inversamente, poderes com forte componente informacional" (Raffestin, 1993, p. 55). Ele desdobra esse raciocínio relacionando o poder com a capacidade humana de transformar tanto a natureza quanto a sociedade, sendo que o meio para efetuar essa transformação é o trabalho, e este seria a "energia informada" (Raffestin, 1993, p. 56). Entre as informações que compõem o poder, e consequentemente necessárias ao seu exercício, encontra-se o limite.

> O limite é um sinal ou, mais extensamente, um sistema sêmico utilizado pelas coletividades para marcar o território. [...] os limites estão em estreita relação com o trabalho, portanto, com o poder. [...] Na qualidade de sistema sêmico, os limites são utilizados para manifestar os modos de produção, isto é, para torná-los espetaculares. O limite cristalizado se torna então ideológico, pois justifica territorialmente as relações de poder. (Raffestin, 1993, p. 165)

Essa caracterização abre duas discussões pertinentes. A primeira é sobre o papel da informação nas relações de poder e na configuração territorial. A segunda se refere à função da ideologia na disputa pelo poder. As duas frentes desaguarão na discussão sobre hegemonia e sobre a geopolítica contemporânea, afinal, como se poderá perceber, as disputas de poder tanto trazem consigo uma luta pela forma como o território será organizado quanto geram reflexos na organização territorial.

De acordo com Milton Santos (2012), com a Terceira Revolução Industrial, a partir dos anos 1970, a territorialidade capitalista pode ser caracterizada como um "meio técnico-científico-informacional". A configuração do mercado global é fruto de dois movimentos: a união entre técnica e ciência e a subordinação dessas à lógica capitalista. Além disso, os aparatos técnico-científicos possuem uma dimensão informacional de tal monta que a informação precede e alimenta todo o sistema produtivo.

Assim como no sistema produtivo, também na organização da sociedade e nos processos políticos a informação desempenha tarefa de relevo, porém, aqui ela tem um nome específico: ideologia. Ideologia é o conjunto ou sistema de ideias, valores e crenças acerca da sociedade e que funciona como uma plataforma cujo objetivo é orientar a ação política – seja do indivíduo, de uma fração de classe ou de uma classe social – e serve tanto para transformar quanto para conservar determinada correlação de forças, governo ou regime político (Downs, 1999; Eagleton, 2019; Heywood, 2010; Larrain, 2012; Stoppino, 2010). Portanto, o agir político é motivado, informado, por uma ideologia. Ademais, dada a maneira imperfeita como circulam as informações, a ideologia simplifica a escolha político-eleitoral, porque "reduz o custo da tomada de decisão" por parte do eleitor (Downs, 1999, p. 122).

Retomando o esquema proposto por Raffestin (1993), é possível substituir informação por ideologia. A partir da ideologia que lhe convenha, um grupo, fração de classe ou classe social organiza o território segundo seus interesses, assume o poder sobre aquele território. Extrapolando para a disputa de poder no sistema interestatal, podemos afirmar que, a partir de uma ideologia determinada, consegue-se que uma população derrube um governo que tenha uma política externa que prime pela autonomia; ou até mesmo leve ao poder, por meio de um golpe ou de uma eleição, um governo que dê o consentimento para que seu território seja organizado de modo a atender os interesses de outro Estado. A depender da ideologia dominante, a população pode levar ao governo um grupo que promova uma política externa que rebaixa o perfil desse Estado, tornando-o inclusive subalterno. Como se verá nos capítulos seguintes, a ideologia jogou papel importante na crise brasileira, analisada tanto pela ótica da guerra híbrida quanto do neogolpismo.

Feitas essas considerações gerais acerca do imperialismo, podemos analisar alguns de seus aspectos específicos. Esses aspectos concernem a sua relação com os golpes de Estado na América Latina, com as guerras e com o neoliberalismo.

Imperialismo e guerras

No começo do século XX, por duas vezes o mundo foi levado a guerras globais interimperialistas, uma vez que a gênese da Primeira e da Segunda Guerra Mundial encontrava-se na estrutura de impérios fechados e autossuficientes sobre a qual estava organizado o sistema capitalista (Harvey, 2013). Ainda que não se possa falar que a Guerra Fria tenha sido marcada por conflitos ou tensões interimperialistas, uma vez que a União Soviética não era expansionista (Hobsbawm, 2013), o imperialismo não esteve ausente no período. O que aconteceu foi que ele se metamorfoseou. Além das transformações tratadas anteriormente, há inflexões pelas quais o imperialismo passou e que se associam mais especificamente com as guerras.

Nesse sentido, a primeira consideração a ser feita é que, a fim de fornecer estabilidade à sua nascente hegemonia, os Estados Unidos fundamentaram-na no internacionalismo e no comércio multilateral (Harvey, 2013), o que exigiu a suplantação do imperialismo ao molde europeu que marcou a quadra 1870-1945 – que foi substituído pelo que Harvey (2011) denomina de "novo imperialismo". A segunda consideração é que, como reconhece o insuspeito Henry Kissinger (2012), a derrota francesa na Indochina era a constatação inequívoca de que o anticolonialismo havia se tornado uma força irresistível, não obstante o empenho de Londres e Paris em tentar freá-lo.

A terceira consideração mescla ideologia e geopolítica. Por um lado, a ideologia passou a ocupar um lugar destacado nos objetivos e nas estratégias de poder, tendência que, como se verá, foi reforçada na guerra híbrida. Por outro, os EUA perceberam a força do anticolonialismo como elemento discursivo na batalha ideológica. Somados todos esses fatores, para Washington, tornou-

-se mais proveitoso apoiar os movimentos independentistas, para assim poder barganhar vantagens junto aos novos Estados, do que se apresentar como aliada das metrópoles fadadas à derrota (Hobsbawm, 2013; Bandeira, 2005).

O colonialismo *à la* século XIX estava desmoronando, não obstante o empenho dos Estados colonialistas. Sob a hegemonia de Washington, ele era substituído por uma variante do imperialismo que privilegia menos o domínio do território do que o dos fluxos comerciais. Como observa Alysson Mascaro (2019, p. 124),

> O imperialismo, como estrutura das posições estatais e dos mercados e das ações da acumulação internacional, não é apenas a guerra aberta, tampouco a colonização (embora não os abandone [...]) O imperialismo perpassa o mecanismo da exploração, do lucro, da apropriação, da espoliação e ainda, no que seja possível, da acumulação primitiva. É mediante instrumentos como contratos, garantias negociais, segurança jurídica ou favorecimento aos investimentos que a marcha da mercadoria e do valor se dá na geopolítica do mercado mundial contemporâneo.

Nesse sentido, as intervenções imperialistas passam a ser direcionadas não para incorporar o território, senão para a submissão do Estado (independente) à lógica de acumulação estadunidense. Essas intervenções deram-se de várias maneiras: ação militar direta, como na República Dominicana (1965), no Vietnã (1955-1975), em Granada (1983); ação militar dissimulada, como em Cuba (1961); ou no apoio a forças endógenas, como no Brasil (1964), no Chile (1973)* e na Nicarágua (1979-1986). Em nenhum desses casos, o plano consistia em anexar o território ou estabelecer um domínio colonial semelhante ao exercido pelos

---

* Nos casos do Brasil e do Chile, foi desnecessário o apoio militar, uma vez que as forças internas conseguiram se impor. No entanto, houve por parte dos EUA mais do que vontade de intervir. Operações chegaram a ser planejadas nos dois casos, sendo que, no caso brasileiro, chegou a haver o envio das tropas de intervenção, a chamada Operação Brother Sam.

europeus. Trava-se, sim, de garantir que nos respectivos Estados houvesse governos alinhados.

A segunda consideração diz respeito à função da ideologia na estratégia imperialista, o que, como se verá no segundo capítulo, relaciona-se fortemente com as guerras híbridas. A ideologia ocupou um papel destacado durante a Guerra Fria (Arrighi, 2008; Halliday, 2007; Hobsbawm, 2013; Wallerstein, 2004) como um todo, mas em especial na ofensiva final dos Estados Unidos, conduzida por Reagan (Hobsbawm, 2013). A estratégia adotada por Washington para travar a Guerra Fria incluiu a extrapolação da dimensão militar do conflito. A sistematização desses "novos" meios de combate ganha corpo nas guerras psicológicas, por meio das quais os EUA buscavam influenciar os acontecimentos políticos e estimular a cizânia tanto no bloco socialista (Losurdo, 2004; Bandeira, 2005) como em Estados cujos governos fossem recalcitrantes quanto ao alinhamento às diretrizes geopolíticas e geoestratégicas estadunidenses (Bandeira, 2005).

Dessa forma, a ideologia assumia papel central na dinâmica de disputa pelo poder global e do imperialismo. Tal mudança não foi abandonada após a vitória estadunidense na Guerra Fria. Muito ao contrário. Uma das marcas do período que se abre a partir de 1989/1991 é o seu significado reacionário, corroborado pelo fato de que intelectuais ligados ao *establishment* estadunidense passaram a defender abertamente o imperialismo e o colonialismo. E esse movimento reacionário não ficou restrito ao discurso. Observa-se a partir do fim da Guerra Fria uma tendência à recolonização da periferia do sistema, à restauração da ordem pré-Revolução Bolchevique (Losurdo, 2004).

Sem embargo, em se tratando de América Latina, de 1945 para cá, o imperialismo estadunidense se manifesta menos por intervenções militares – muito pontuais, diga-se – do que por patrocínio e apoio a golpes de Estado desfechados pelas elites locais.

Imperialismo e golpes de Estado na América Latina

Como dito anteriormente, o imperialismo se caracteriza pela interferência dos Estados centrais e dos monopólios financeiros na economia e na política dos Estados menos poderosos. Além disso, as políticas imperialistas permitem que parte do conflito inerente à luta de classes seja transferida dos Estados centrais para os periféricos (Lenin, 2012), uma vez que parte do bem-estar no centro do sistema é gerado em prejuízo das demais frações do globo (Harvey, 2011). No caso da América Latina, o imperialismo está associado a um fenômeno marcante da política regional, os golpes de Estado, desfechados pelas burguesias locais com o patrocínio e apoio dos Estados Unidos.

A partir da década de 1960, na América Latina, foram desenvolvidas as teorias marxistas da dependência, todas elas tributárias da teoria do imperialismo. A dependência dos Estados latino-americanos se deve à hierarquização do sistema internacional, na qual os Estados mais avançados economicamente exploram os menos desenvolvidos. Quem opera essa transferência de riqueza são as "burguesias compradoras" (Fiori, 2012a).

Ruy Mauro Marini explicou que, nos Estados de capitalismo dependente, a classe trabalhadora é superexplorada. Esses Estados se inserem de forma subordinada na economia mundial porque, entre outras razões: a) suas burguesias são subordinadas na divisão internacional do trabalho; b) as transnacionais transferem riqueza para o centro do sistema através das remessas de capital das filiais para as matrizes; e c) os Estados centrais mantêm o monopólio tecnológico. Como resultado, sobre a classe trabalhadora na periferia do sistema capitalista recai a mais-valia que as burguesias locais extraem para si e aquele transferido para as economias centrais (Martins, 2018). Ademais, "a superexploração exigiria altos níveis de desemprego e subemprego para que os preços da força de trabalho se nivelassem abaixo do seu valor, e democracias limitadas ou regimes políticos ditatoriais que impusessem tal situação" (Martins, 2018, p. 465-466).

Já Paris Yeros e Sam Moyo (2008) relacionam a diferença do nível de estabilidade entre as democracias periféricas e as centrais à posição que os Estados ocupam na hierarquia do sistema capitalista. As crises orgânicas globais que marcam o capitalismo se expressam mais amiúde na periferia – mesmo nos tempos de bonança no centro do sistema – e frequentemente vêm acompanhadas de rompimento do pacto democrático. Os Estados centrais não precisam recorrer a esses surtos de autoritarismo e repressão, uma vez que eles conseguem transferir para os Estados periféricos parte do conflito social que poderia causar instabilidade.

Assim, o ciclo autoritário pelo qual passou a América Latina entre os anos 1960 e 1980 possui um componente doméstico e outro sistêmico. Na esfera doméstica, empresas e aparelhos privados de hegemonia por elas financiados – como a Fundación de Investigaciones Económicas Latinoamericanas (Fiel) e Fundación Mediterránea (FM) (Ramírez, 2012), na Argentina; o Centro de Estudios Socioeconómicos (Cesec), no Chile; e o Instituto de Pesquisas e Estudos Sociais (Ipes) e o Instituto Brasileiro de Ação Democrática (Ibad), no Brasil – forjavam o consenso na sociedade em torno da agenda liberal e forneceram quadros técnicos e políticos para as ditaduras (Monteiro, 2013).

Já o componente sistêmico possui dois pilares. Por um lado, como já foi dito, a instabilidade política na região é tributária da condição subordinada pela qual esses Estados se inserem na economia política internacional. Por outro, os Estados Unidos envolveram-se intensamente nos referidos processos, especialmente por meio da Agência dos Estados Unidos para o Desenvolvimento Internacional (Usaid).* A Usaid trabalhou em parceria com os citados *think tanks* liberais (Ramírez, 2005). Atuou na consultoria e formação de forças policiais e militares antes e depois dos golpes e na reformulação de currículos universitários (Fernandes, 2016; Motta, 2010). Além disso, financiou não apenas professores de

---

* A Usaid é estudada mais profundamente no capítulo "Guerra híbrida".

direita e programas harmônicos aos valores ideológicos e à visão geopolítica de Washington, mas também aqueles que não fossem comunistas (Fernandes, 2016).

Apresentada a relação do imperialismo com as guerras e com os golpes de Estado em nossa região, cumpre tratar de outro tópico fundamental para a compreensão da crise orgânica brasileira: a relação entre imperialismo e neoliberalismo.

Imperialismo e neoliberalismo

A contrarrevolução neoliberal tem início nos anos 1970, quando a burguesia aproveitou a janela de oportunidade aberta por ocasião da crise do sistema fordista-keynesiano de acumulação. À época, tratava-se de algo teórico, restrito ao ambiente acadêmico, *think tanks* e mídia. As exceções ficam por conta da Bolívia e do Chile, onde Hugo Banzer e Augusto Pinochet implementaram o receituário neoclássico por meio de violentas ditaduras. A partir dos anos 1980, o neoliberalismo ganha força devido à chegada de dois seguidores dessa ideologia ao governo de duas potências do capitalismo: Margareth Thatcher e Ronald Reagan, respectivamente no Reino Unido e nos Estados Unidos. Finalmente, na década de 1990, com o fim da Guerra Fria, tem início a hegemonia neoliberal.

Do ponto de vista doméstico, o neoliberalismo se caracteriza pelo fundamentalismo de mercado: a crença de que os mecanismos funcionais do mercado, notadamente a total liberdade de iniciativa e de acumulação, são vistos como a solução para todos os problemas sociais e econômicos, e qualquer interferência no mercado, em vez de gerar bem-estar social, prejudica a sociedade como um todo (Heywood, 2010, p. 63). Ele é a ideologia que fundamenta o desmonte do Estado de bem-estar social. Seu alvo são as instituições e os serviços públicos; os direitos sociais; e toda e qualquer legislação que imponha limites à exploração e à acumulação. O neoliberalismo é contrarrevolucionário porquanto seu objetivo é retornar a paradigmas de relação capital-trabalho que se esperava superados desde a crise de 1929 (Harvey, 2008; Heywood, 2010).

Os pilares do neoliberalismo são o individualismo extremo e a liberdade total para as relações comerciais. Os neoliberais enxergam a sociedade sob a ótica atomista, que pode ser sintetizada em uma frase de Thatcher: "Não existe essa coisa de sociedade, o que há e sempre haverá são indivíduos". Assim, o Estado exime-se de ofertar os serviços associados ao Estado de bem-estar social e sua função precípua passa a ser garantir as liberdades individuais e a concorrência. O neoliberalismo desconfia da democracia, preferindo alienar a coletividade das instituições e das decisões políticas, alegando se tratar de questões técnicas. É hostil a qualquer forma de solidariedade ou práticas e instituições que possam restringir a acumulação irrestrita, especialmente os sindicatos. Para implementar esse projeto, o neoliberalismo conta com um Estado forte e autoritário, que deve usar a violência para impor o respeito à ordem legal (Harvey, 2008).

O autoritarismo do projeto neoliberal pode ser sintetizado, novamente, por Thatcher. Enquanto liderava a contrarrevolução neoliberal e desmontava o Estado de bem-estar social, a primeira-ministra britânica dizia "there is no alternative" [não tem alternativa]. Essa tese ganhou muita força com a debacle da União Soviética e o fim da Guerra Fria, como se o fracasso da experiência soviética significasse não apenas o fracasso do socialismo *lato sensu* mas também "o fim da história".*

Na esfera das relações interestatais, o neoliberalismo, como já dito, funciona como aríete do imperialismo em geral e da submissão à hegemonia estadunidense em especial. Como observam Stepen Hobden e Richard Jones (2008), uma análise das relações internacionais sob a ótica do materialismo histórico

---

* Tese defendida por Francis Fukuyama (1992) no livro *O fim da história e o último homem*. Fukuyama é uma referência da contrarrevolução neoliberal e pessoa proeminente nos governos Reagan e Thatcher.

parte da denúncia da existência de uma intrínseca relação entre a hegemonia estadunidense e a aceitação das políticas neoliberais mundo afora. Para os autores, essa mostra o poder daquela. Eles explicam que, a partir de uma abordagem marxista das relações internacionais, há três áreas principais nas quais a adoção do neoliberalismo pelos Estados dependentes atende aos interesses dos Estados centrais do sistema capitalista: livre comércio, matérias-primas e privatizações. Com uma indústria menos desenvolvida e menos competitiva, o livre-cambismo tende a prejudicar o setor secundário das economias dos países da periferia e semiperiferia do sistema capitalista, o que leva à primarização desses Estados. Além disso, como as grandes corporações transnacionais, geralmente baseadas nos países centrais, possuem mais recursos, quando ocorrem privatizações, os ativos costumam ser comprados por empresas dos Estados Unidos ou da Europa Ocidental. Destaque-se que quando se privatizam estatais de energia, telecomunicações, aviação, entre outros, setores estratégicos do Estado e do território passam a ser controlados por agentes estrangeiros.

No caso sul-americano, há uma relação entre o neoliberalismo e a estabilidade/instabilidade política. A crise orgânica ora analisada se insere nesse contexto. Por um lado, o ciclo progressista dos anos 2000 na região derivou da crise orgânica (política, social e econômica) resultante das políticas neoliberais nos anos 1990; por outro, essa crise se relaciona à retomada da iniciativa por parte das forças da reação no Brasil.

Nesse sentido, é importante abordar a experiência progressista pela qual passou a região, quando, após o fracasso do primeiro ciclo neoliberal na América do Sul, vários países experimentaram governos de esquerda. Não obstante, antes disso, é necessário tratar sobre a disputa de poder na escala global, uma vez que o ciclo progressista sul-americano, a crise desse ciclo e a crise brasileira devem ser entendidos a partir da interação dialética que estabelecem com a luta pelo poder no sistema internacional.

A crise orgânica brasileira e a disputa pelo poder global

Quando se discute poder global, é inevitável se referir à "hegemonia", conceito cuja origem remonta à Grécia Antiga. À época, se tratava de um fenômeno de ordem interestatal (Agnew, 2005). No início do século XX, Antonio Gramsci revisitou o conceito para explicar a dominação de uma classe (ou fração de classe) sobre as outras classes (ou frações de classe), ou seja, passou a aplicá-lo à luta de classes em um determinado território (Cospito, 2017). Em Gramsci, hegemonia aparece associada à "direção" e a "domínio". Nunca apenas como domínio; por vezes, em oposição a esse. Em algumas ocasiões, hegemonia surge associada apenas à "direção". Na maioria das vezes, porém, o autor considera hegemonia como um equilíbrio entre "direção" e "domínio", entre "consentimento/consenso" e "força". Para ter que recorrer o mínimo possível à força, a classe dirigente precisa obter o consentimento das demais classes ou frações de classes (Cospito, 2017). Gramsci frisa que a hegemonia se apoia no consenso ativo, ou seja, quando os governados decidem por si próprios estar nessa condição e entregam a uma classe ou fração a posição de liderança e de governo (Porta, 2017).

A partir dos anos 1980 e especialmente dos 1990, diversos estudiosos que se ocupam das dinâmicas globais de disputa de poder iniciaram um processo de recuperação do conceito de hegemonia sob a ótica gramsciana para explicar a política internacional, a economia política internacional, a geopolítica etc.

Na esfera internacional, tal qual na doméstica, o exercício da hegemonia possui três pilares: o ideológico, o econômico e o político. O ideológico significa possuir valores morais e culturais que influenciem a ação política de outros agentes do sistema interestatal. O econômico demanda possuir tecnologia e práticas gerenciais mais eficientes. O aspecto político se traduz na capacidade de moldar o sistema internacional e na supremacia militar. Assim, a potência hegemônica influencia a institucionalidade do sistema interestatal e deixa claro que, se necessário, pode recorrer ao uso da força para garantir seus interesses e manter a ordem internacional a eles ligados. Reforce-se que, quando a hegemonia é funcional, o uso da força é um expediente pontual. O *hegemon* deve ser capaz de formar uma coalizão que congregue as principais forças militares ou em gradiente maior que qualquer outra coalizão possível. O exercício da hegemonia não pode prescindir de nenhum dos três pilares, do contrário, entra em crise (Arrighi, 2008, 2013).

Por sua vez, Cox (2007, p. 105) destaca que a hegemonia deve repousar sobre o consentimento.

> Enquanto o aspecto consensual do poder está em primeiro plano, a hegemonia prevalece. A coerção está sempre latente, mas só é aplicada em casos marginais, anômalos. A hegemonia é suficiente para garantir o comportamento submisso da maioria das pessoas durante a maior parte do tempo.

O consentimento exige uma base econômica. O Estado hegemônico lidera seus pares e essa liderança é tributária do fato de ser ele o mais importante da economia mundial, por isso os demais Estados buscariam mimetizar as práticas econômicas do *hegemon* (Agnew, 2005). O Estado hegemônico é aquele que está à frente dos pares naquilo que Arrighi (2013) chamou de "ciclo sistêmico de acumulação", um conjunto de práticas e tecnologias com vistas a organizar o fluxo de produção e circulação de valor.

O período de hegemonia de uma potência é concomitante à sua liderança no ciclo sistêmico de acumulação. Em termos geoeconômicos, isso se traduz na centralidade que o polo mais dinâmico da economia capitalista assume (Arrighi, 2013). Eis aqui um dos desafios à hegemonia estadunidense: o polo mais dinâmico da economia internacional já se deslocou de forma irreversível e inexorável para o Leste Asiático, de uma forma geral, e para a China, especificamente (Arrighi, 2008).

Os gráficos e as tabelas a seguir ilustram essas mudanças geoeconômicas. O Gráfico 1 registra as transformações referentes ao comércio internacional nos últimos 55 anos. As colunas correspondem ao volume exportado por dois grupos. O grupo "Ocidente" corresponde às exportações agregadas de Estados Unidos, Alemanha Ocidental/Alemanha, França, Canadá e Reino Unido. Já o grupo "Leste Asiático" corresponde às exportações agregadas dos Estados daquela região e que hoje ocupam as melhores posições no comércio internacional: China, Japão, Coreia do Sul, Malásia e Tailândia. Além disso, o gráfico traz também a participação dos Estados Unidos, da China e do Japão no volume total do comércio internacional.

Gráfico 1 – Comparação das exportações: cinco principais do Ocidente *vs.* cinco principais do Leste Asiático; participação dos Estados Unidos vs. participação da China vs. participação do Japão

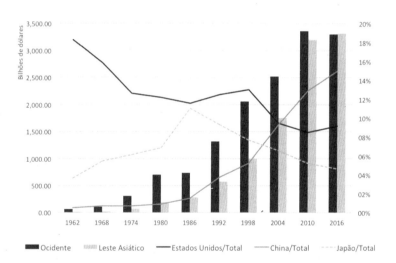

Notas:
1 – Ocidente: Estados Unidos, Alemanha Ocidental/Alemanha, França, Canadá e Reino Unido.
2 – Leste Asiático: China, Japão, Coreia do Sul, Malásia e Tailândia.
Elaboração própria. Fonte: Observatory of Economic Complexity.

Como se pode perceber, o volume agregado das exportações oriundas dos cinco principais exportadores do Leste Asiático (3,313 trilhões de dólares) já é maior do que o volume agregado das exportações oriundas dos cinco principais exportadores do Ocidente

(3,303 trilhões de dólares). Além disso, também é possível ver que a participação da China no comércio internacional superou a do Japão no final do século passado e superou a dos Estados Unidos nos primeiros anos deste século. Finalmente, depreende-se que o motor da transformação geoeconômica é a China, uma vez que o Japão, segunda maior exportadora da região, vem perdendo participação no comércio internacional, além de nunca ter superado a participação dos Estados Unidos (Observatory of Economic Complexity).

Se o Gráfico 1 ilustrou o movimento geral da geoeconomia ao longo do tempo, notadamente o crescimento da China no comércio internacional, as tabelas 1 e 2 representam a importância da China na economia internacional hoje. Assim, podemos ver qual é o atual peso da economia chinesa no comércio entre as maiores economias do mundo.

Tabela 1 – Balança comercial das dez maiores economias do mundo e participação dos Estados Unidos e da China em cada balança (2017)

	Exp.	Imp.	Exportações para os/a							Importação dos/da						
			EUA			China			EUA			China		
			Valor	%	Posição	Valor	%	Posição	Valor	%	Posição	Valor	%	Posição
Estados Unidos	1.249	2.159	-	-	-	133	10,6%	3	-	-	-	133	6,2%	4
China	2.413	1.544	476	19,7%	1	-	-	-	133	8,6%	1	-	-	-
Japão	695	633	125	18,0%	2	136	19,6%	1	67	10,6%	2	157	24,8%	1
Alemanha	1.334	1.081	111	8,3%	1	95	7,1%	3	62	5,7%	4	109	10,1%	1
Reino Unido	395	617	45	11,4%	1	22	5,5%	5	47	7,6%	4	58	9,4%	2
Índia	262	417	44	16,9%	1	15	5,6%	3	23	5,5%	2	69	16,5%	1
França	516	585	36	7,0%	5							59	10,1%	2
Itália	482	441	54	11,2%	3							32	7,2%	3
Brasil	219	140	25	11,5%	2	45	20,5%	1	20	14,6%	2	27	19,3%	1
Canadá	377	362	274	72,7%	1	18,4	4,9%	2	149	41,2%	1	50	13,8%	2

Notas:
1 – Importações e exportações em bilhões de dólares.
2 – Foram desconsiderados os dados quando os EUA e a China não figuram entre as cinco principais origens ou os cinco principais destinos.
Elaboração própria. Fonte: Observatory of Economic Complexity.

Tabela 2 – Balança comercial dos Estados Unidos e da China (2017)

	Mundo (US$ bi)	Com as outras nove maiores economias (US$ bi)	Exportações para as nove maiores vs. exportações para o mundo (%)	Importações para as nove maiores vs. exportações para o mundo (%)
Estados Unidos	-910	-690	40,1	55,1
China	869	230	28,7	30,1

Elaboração própria. Fonte: Observatory of Economic Complexity.

Como se pode verificar na Tabela 1, os Estados Unidos são o principal destino das exportações de cinco das outras nove maiores economias, enquanto a China, o de duas. Porém, a China é o principal fornecedor de produtos em quatro dos nove maiores mercados e o segundo em outros três, ao passo que as importações oriundas dos Estados Unidos só ocupam a primeira posição em duas e a segunda posição em outras duas. Já a Tabela 2 mostra que a China é superavitária tanto no comércio com as outras nove maiores da economia global quanto em relação ao restante do mundo, enquanto os Estados Unidos são deficitários nos dois cenários. Finalmente, uma análise acerca dos dados sobre a balança comercial das próximas 40 maiores economias (11ª até 50ª)* revela que a China é o principal destino das exportações e a principal origem das importações para um número maior de Estados do que os Estados Unidos – 16 vs. 11 e 19 vs. 4, respectivamente (Observatory of Economic Complexity).

Merece destaque que, como mostra a Tabela 1, a China é o principal parceiro comercial do Brasil, seja nas importações ou exportações. O Gráfico 2, a seguir, complementa essa informa-

---

* Rússia, Coreia do Sul, Austrália, Espanha, México, Indonésia, Turquia, Países Baixos, Arábia Saudita, Suíça, Argentina, Suécia, Polônia, Tailândia, Irã, Bélgica, Áustria, Noruega, Emirados Árabes, Nigéria, Israel, África do Sul, Irlanda, Dinamarca, Singapura, Colômbia, Malásia, Filipinas, Paquistão, Chile, Finlândia, Bangladesh, Egito, Vietnã, Portugal, República Tcheca, Peru, Grécia e Catar.

ção, mostrando que a participação chinesa na balança comercial brasileira veio em um crescente desde os primeiros anos do século e hoje é superior à participação estadunidense. Além disso, as exportações do Brasil para a China (22%) representam o dobro do que é comprado pelos Estados Unidos (11%).

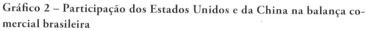

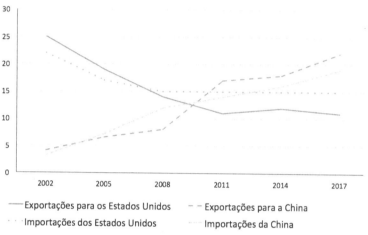

Elaboração própria. Fonte: Observatory of Economic Complexity.

Portanto, observa-se que, além do movimento de reconfiguração geoeconômica, os Estados Unidos viram reduzida sua participação no segundo maior mercado* das Américas e no maior mercado da América Latina. Como se verá, se a aproximação entre Brasília e Beijing ia além dos negócios, um dos resultados da crise orgânica em análise foi o rebaixamento do perfil dessa relação.

Não obstante, a participação da China na economia internacional representa um risco à hegemonia dos Estados Unidos não apenas do ponto de vista quantitativo, mas também do ponto de

---

* Afora o estadunidense, o maior mercado do hemisfério é o canadense, seguido do brasileiro.

vista qualitativo. Esther Majerowicz (2019) destaca que, entre as sete principais provedoras de equipamentos para Tecnologia da Informação e Comunicação (TIC) – o que responde por 80% da produção mundial –, duas são chinesas. A Huawei, com 30% do mercado, ocupa a primeira posição e a ZTE, com 8%, a quarta. Ou seja, a China controla 40% da produção desses equipamentos, sendo que os Estados Unidos não possuem qualquer empresa entre as sete maiores nesse mercado. Além disso, a China é o Estado mais bem preparado para a implementação da quinta geração de telefonia móvel (5G). Como explica a autora, "os potenciais serviços a serem oferecidos pela infraestrutura de telecomunicações do 5G [...] [colocarão em questão] o reposicionamento das economias nacionais no sistema industrial como um todo" (Majerowicz, 2019, p. 22).

Isso tem reflexo em diversas áreas. A tecnologia 5G é um dos pilares da Quarta Revolução Industrial (Uta, 2019), seja pelo viés econômico da indústria, seja pelo militar (Majerowicz, 2019). Não obstante, no que diz respeito ao tráfego nas infovias, enquanto os EUA vêm perdendo centralidade, cada vez mais as informações passam pela China ou transitam em vias cuja infraestrutura é chinesa (Majerowicz, 2019).

Já na dimensão militar, a principal ameaça à hegemonia dos Estados Unidos é a Rússia. Na década de 1990, após a debacle da União Soviética, a capacidade de atuação internacional de Moscou sofreu uma significativa redução. O melhor exemplo disso foi o fato de não conseguir reagir à expansão da Otan sobre os Estados que haviam composto o Pacto de Varsóvia e a forma passiva com a qual assistiu à desintegração da Iugoslávia e à ingerência ocidental no referido processo. Porém, a partir dos anos 2000, o quadro se alterou e a Rússia buscou se reposicionar como ator relevante na geopolítica global (Adam, 2013; Bandeira, 2016a; Pecequilo e Luque, 2016).

A recuperação da importância geopolítica da Rússia tem dois vetores. Um é a busca por reconstruir a multipolaridade, de modo a criar obstáculos às ambições imperiais dos Estados Unidos (Adam,

2013; Macfarlane, 2009). A partir dos anos 2000, Moscou passou a enfatizar "o papel da Nações Unidas – e particularmente o Conselho de Segurança – como a base de uma estrutura multilateral fundada em preceitos leais capazes de regular o exercício unilateral da potência preponderante" (Macfarlane, 2009, p. 87). A fim de fortalecer a multipolaridade, a Rússia vem elevando o perfil das relações com um número cada vez maior de Estados (Adam, 2013).

O outro vetor é uma atuação mais agressiva nas regiões consideradas estrategicamente vitais. Três exemplos são bem eloquentes nesse sentido. Em 2008, forças da Geórgia, principal aliada dos Estados Unidos no Cáucaso, investiram contra a Ossétia do Sul e na Abecásia, repúblicas autônomas com maioria étnica russa. A Rússia resolveu militarmente a questão em cinco dias, restando aos Estados Unidos e aliados europeus tão somente o direito de protestar. Na Ucrânia, a partir de novembro de 2013, Viktor Yanukovytch, aliado de Moscou, passou a enfrentar protestos insuflados pelos Estados Unidos. Yanukovytch não resistiu e caiu em fevereiro de 2014. No fim de março de 2014, a Crimeia foi reincorporada ao território russo e a Ucrânia passou a viver uma guerra civil. Tanto no caso da Geórgia quanto no da Ucrânia, a Rússia via-se ameaçada pela possibilidade de aqueles Estados serem incorporados à Otan (Bandeira, 2016a).

Entre um caso e outro, eclodiu a crise na Síria, em 2011, que evoluiria para a guerra civil que perdura até hoje. Na esteira da chamada "Primavera Árabe", o governo de Bashar al-Assad passou a enfrentar grupos armados que visavam derrubá-lo. Nesse caso, a primeira derrota dos Estados Unidos foi a negativa do Conselho de Segurança das Nações Unidas (CSNU) de que se aplicasse, como desejava Washington, a fórmula usada na Líbia (2011): sob o manto da doutrina de responsabilidade de proteger, uma intervenção ocidental viabilizou a derrubada do presidente Muammar Gaddafi. Em 2015, Damasco solicitou ajuda a Moscou, que atendeu e passou a atuar diretamente no conflito, permitindo assim que Assad iniciasse uma contraofensiva (Bandeira, 2016a).

Ainda que no aspecto militar não se perceba uma relação direta com o Brasil e sua crise orgânica, não seria prudente olvidar o envolvimento da Rússia na crise da Venezuela, razão pela qual é legítimo ao tema destinar algumas linhas, sobretudo pelo impacto que tanto a crise venezuelana quanto a presença militar russa possuem para a política e a geopolítica sul-americanas.

Para Caracas, a aproximação com Moscou tornou-se imperativa. Historicamente, a Venezuela possuía relações militares com os Estados Unidos. Em 2006, Washington recusou-se a vender peças de reposição dos caças F-16 que Caracas possui e embargou a venda de equipamentos militares que contivessem componente estadunidense. Caracas, então, buscou em Moscou uma parceria que suprisse suas necessidades militares. Além do comércio de armas, as respectivas Forças Armadas têm interagido e efetuado treinamentos conjuntos (Ellis, 2017).

Para o Kremlin, a aproximação com o Miraflores faz parte da estratégia de buscar alianças a fim de construir uma ordem multipolar. Dois aspectos dessa interação merecem destaque: o retorno da Rússia à América Latina após o ocaso soviético; e as prioridades das estatais russas de energia, principal setor da economia. Entretanto, ciente da inviabilidade de competir economicamente com a China, seus objetivos comerciais podem ser sacrificados em nome dos político-estratégicos (Rouvinski, 2019).

Ademais, observa-se uma relação entre os acontecimentos na Eurásia e as demonstrações de apoio militar da Rússia à Venezuela. Pouco após a guerra contra a Geórgia (agosto de 2008), dois bombardeiros russos aterrissavam na Venezuela (setembro de 2008) e uma frota russa foi à Venezuela para um exercício militar (novembro de 2008). Enquanto recrudescia a crise na Ucrânia, em outubro de 2013, novamente dois bombardeiros aterrissaram na Venezuela. Posteriormente, em 2015, com novo agravamento das tensões na Ucrânia, a Rússia promoveu novo exercício militar com a Venezuela no Caribe. Para Robert Even Ellis (2017, p. 10), conselheiro do Departamento de Estados

dos EUA, não há coincidência entre os eventos na Geórgia e na Ucrânia, de um lado, e as duas idas dos bombardeiros à Venezuela e dois exercícios navais, do outro. Trata-se de uma mensagem de que "se os EUA se envolverem nas 'franjas' da Rússia, a Rússia estará disposta e poderá projetar força militar no 'quintal' dos Estados Unidos".*

Para a Venezuela, a crise brasileira significou a conversão de um aliado em um vizinho hostil. Por exemplo, Brasília participou da criação do Grupo de Lima,** reconheceu o "autoproclamado" presidente Juan Guaidó (Globo [G1], 23 jan. 2019) e atuou na malograda tentativa de desestabilizar o governo de Nicolás Maduro por meio de uma operação internacional de entrega de "ajuda humanitária" (Globo [G1], 21 fev. de 2019).

Os quatro casos guardam relação entre si e com o objeto da presente pesquisa. Todos eles foram ou são alvos de guerra híbrida, um dos fenômenos aqui analisados. Paulo Fagundes Visentini (2014) e Ana Penido e Miguel Enrique Stedile (2021) afirmam que a crise venezuelana é decorrente de uma guerra híbrida. A Geórgia e a Ucrânia passaram por revoluções coloridas. Já a Síria

---

* Tradução própria para o seguinte trecho no original: "send strategic messages to the United States that if the U.S. involves itself in Russia's 'near abroad,' then Russia is willing and able to project military force in the U.S. own 'backyard'".

** O Grupo de Lima foi formado a partir da Declaração de Lima (8 de agosto de 2017), assinada por Argentina, Brasil, Canadá, Chile, Colômbia, Costa Rica, Guatemala, Honduras, México, Panamá, Paraguai e Peru. Segundo o documento, o grupo tem o propósito de "tratar da situação crítica na Venezuela e explorar formas de contribuir para a restauração da democracia naquele país por meio de uma solução pacífica e negociada". Dois fatos chamam atenção. O primeiro é que o presidente do Brasil quando da assinatura do documento era Michel Temer, que chegara ao poder por meio de um (neo)golpe. A segunda é que a "solução negociada" que o Grupo busca não inclui negociar com o governo de Nicolás Maduro. Não por acaso, Letícia Pinheiro e Maria Regina Soares de Lima (2018, p. 4) afirmam que o Grupo possui o "explícito propósito de se opor ao governo Maduro". Veja a Declaração de Lima (Ministério das Relações Exteriores, 5 jan. 2021).

foi desestabilizada por uma revolução colorida que escalou para uma guerra não convencional (Bandeira, 2013).

Falando especificamente sobre a crise pela qual passa o Brasil e a disputa pelo poder global, pode-se dizer que seu principal elo atende pelo acrônimo Brics,[*] agrupamento que reúne Brasil, Rússia, Índia, China e África do Sul. Enquanto o golpe avançava em suas formalidades parlamentares, Luiz Alberto Moniz Bandeira (2016b, p. 338) comentou que "os Estados Unidos não se conformam com o fato de o Brasil integrar o bloco conhecido como Brics". De fato, o grupo representava e representa um desafio à hegemonia estadunidense, porém, hoje, o Brasil não tem trabalhado para fortalecê-lo, muito ao contrário.

Desde 2006, Brasil, Rússia, Índia e China (Bric) passaram a se reunir informalmente em paralelo às plenárias da Assembleia Geral das Nações Unidas (AGNU). Em 2009, o grupo passou a realizar cúpulas anuais, sediadas cada ano em um dos Estados. Em 2011, com a inclusão da África do Sul, o grupo passou a se chamar Brics.

O Brics é uma construção contra-hegemônica porque intenta posicionar-se como um polo de contestação da ordem internacional sob a hegemonia estadunidense. Desde a crise de 2008, Rússia e China questionam a hegemonia do dólar como reserva internacional (Visentini, 2013). A partir da Cúpula de Ecaterimburgo (2009), de forma crescente, o grupo se destaca cada vez mais pela "defesa da reforma do sistema internacional, em torno dos princípios do multipolarismo, desconcentração de poder e atualização do multilateralismo. Além disso, reforçaram sua atuação conjunta em organismos como o G20 financeiro e a OMC" (Pecequilo e Luque, 2016, p. 13).

---

[*] "A ideia dos Brics foi formulada pelo economista-chefe da Goldman Sachs, Jim O'Neil, em estudo de 2001, intitulado Building Better Global Economic Brics. Fixou-se como categoria da análise nos meios econômico-financeiros, empresariais, acadêmicos e de comunicação" (Instituto Econômico de Pesquisa Aplicada, s/d.).

Em 2014, na VI Cúpula do Brics, foram criados o Novo Banco de Desenvolvimento (NBD) e o Arranjo Contingencial de Reserva (ACR). Por serem instituições alternativas ao Banco Mundial (BM) e ao Fundo Monetário Internacional (FMI), respectivamente, com a criação desses órgãos, o Brasil e seus parceiros confrontaram a hegemonia estadunidense (Paiva, Gavião e Proner, 2016).

Não obstante, o Brics representa riscos à hegemonia estadunidense não apenas pela dimensão econômico-financeira, mas também no aspecto geopolítico. Por ocasião da VI Reunião de Cúpula, realizou-se uma reunião entre os presidentes dos Brics e os da União das Nações Sul-Americanas (Unasul). Além disso, houve também a reunião da China com a Comunidade de Estados Latino-Americanos e Caribenhos (Celac). Cumpre observar que a Celac é a herdeira do Grupo do Rio, fórum de concertação voltado à manutenção da democracia na América Latina quando os Estados Unidos vinham demonstrando disposição para intervir militarmente na região, como na invasão à Granada, 1983. Para completar, Cuba faz parte da Celac.

Esses movimentos causaram suspicácia em Washington, que via seus principais oponentes na disputa pelo poder global se reunindo com dezenas de Estados no seu entorno e sem a sua presença. A disputa pela hegemonia alcançava o hemisfério ocidental, e o pivô a articular essas duas esferas era o Brasil (Paiva, Gavião e Proner, 2016).

Martonio Mont'Alverne Barreto Lima (2016, p. 390) indica duas razões que associam o Brasil, o Brics e a disputa pela hegemonia internacional. "O receio dos Estados Unidos com um grupo de países agindo fora de sua influência" especialmente por ser um grupo que "conta com a presença das duas principais forças bélicas, econômicas e políticas abertamente a disputarem influência regional e mundial com os Estados Unidos". Além disso, "os Estados Unidos não aceitam diretrizes que não as suas na América Latina". Logo, a substituição de Dilma por Temer representa um revés para o Brics.

Com efeito, o golpe de 2016 teve reflexos no Brics. A partir de então, tanto o Brasil passou a destinar menor importância ao grupo quanto os demais membros passaram a ver o Brasil com suspeita. Nomeado chanceler por Michel Temer, José Serra (2016-2017) demonstrou desconhecer quais países compunham o bloco (*Fórum*, 17 set. 2016). Já no governo Bolsonaro, percebe-se atualmente uma tentativa de alinhar o Brasil aos Estados Unidos em detrimento de parcerias com a China. Por exemplo, em resposta à fala do vice-presidente Hamilton Mourão de que o Brasil deveria aproveitar a oportunidade que a disputa entre Estados Unidos e China representa para os interesses brasileiros, o chanceler Ernesto Araújo ressaltou que os laços com os estadunidenses são mais profundos devido aos valores compartilhados, como o cristianismo (Saraiva e Silva, 2019).

Finalmente, não podemos esquecer da relação da crise brasileira com a descoberta de petróleo na camada pré-sal, anunciada em setembro de 2006. Em 2008, os Estados Unidos reativaram a IV Frota, destinada à atuação no Atlântico Sul. "As declarações de Edward Snowden de que os Estados Unidos espionavam a Petrobras dissipa qualquer aparência de coincidência nos dois eventos" (Mendes, 2018, p. 42). Além disso,

> Em 2010, o presidente Lula instituiu o regime de partilha para a exploração do petróleo sub-sal. Esse regime especial estabelecia que a Petrobras teria no mínimo 30% de participação em qualquer operação no pré-sal e, ainda, poder de veto sobre a exploração. Tanto a política de conteúdo local quanto o regime de partilha figuraram entre as principais divergências de projeto na eleição presidencial de 2010. Na ocasião, José Serra (PSDB), candidato da oposição, defendia a liberalização, ou seja, o desmonte de ambas as políticas. (Mendes, 2018, p. 42-43)

Apresentado o panorama da disputa pelo poder global e como ele e a crise brasileira se relacionam, é importante proceder uma análise na escala intermediária. Nesse sentido, a próxima seção trata do desenvolvimento político da América do Sul, mais especificamente o recorte temporal no qual a maioria dos países da região tiveram governos de esquerda, o ciclo progressista.

O ciclo progressista na América do Sul

A análise do ciclo progressista experimentado pela América do Sul nos primeiros anos do século XXI necessita de uma nota introdutória acerca da discussão acadêmica em torno do conceito de democracia. Como enfatiza André Luiz Coelho (2013, p. 80), a literatura tradicional, "focada principalmente nos caracteres operacionais da democracia, assume que a realização de eleições livres e justas e a alternância de poder constituem sinais da vitalidade democrática". Isso causa distorções, como considerar que desde 1958 a Colômbia exibe uma democracia pujante, não obstante a guerra civil vivida pelo país desde 1964 até o presente (Coelho, 2013, p. 80-81).* Outro exemplo é "o celebrado e pouco inclusivo sistema bipartidário venezuelano" que vigorou desde o pacto de Punto Fijo (Coelho, 2013, p. 136), também em 1958, até a posse de Hugo Chávez (1999-2013), em 1999.

Em que pese o extenso flanco para se conceituar democracia e discutir sua qualidade na América do Sul, há relativo consenso em denominar de redemocratização o período que vai de 1977 até 1990, quando a democracia foi restabelecida no Equador e no Chile, respectivamente. Ainda que não seja o foco desse trabalho entrar nessa discussão, é importante esclarecer alguns pontos a esse respeito.

Luis Felipe Miguel (2014, p. 28-29) explica que um dos pilares do que o "senso comum (incluído aí o senso comum acadêmico)" entende por "democracia" é o processo eleitoral como mecanismo de escolha dos governantes, sendo que essa seleção deve preencher dois requisitos. O primeiro é ocorrer em uma periodicidade regular e previamente acordada. O segundo envolve a possibilidade dos

---

* Em 2017, o governo colombiano e as Forças Armadas Revolucionárias da Colômbia (Farc) assinaram o armistício. Não obstante, pela esquerda, o Exército de Libertação Nacional (ELN) continua em atividade e, pela direita, desde pelo menos 2016, as atividades paramilitares retomaram as ações. Mais detalhes podem ser obtidos, respectivamente, em *O Globo* (2019, p. 32) e Agência Brasil (2016, s.p.).

eleitores escolherem livremente seus governantes, ou seja, não devem ser coagidos a votar nem constrangidos caso queiram se candidatar. Não obstante, continua o autor, o termo "democracia" remete a "uma forma de organização política baseada na igualdade potencial de influência de todos os cidadãos".

Portanto, Coelho (2013) e Miguel (2014) expõem que há uma disjuntiva entre os aspectos materiais e formais da democracia e que esses acabam assumindo a centralidade quando se pretende analisar ou caracterizar um regime como democrático ou não. No mesmo diapasão, Fabrício Pereira da Silva (2019) critica o fato de que a visão hegemônica na Ciência Política tem um enfoque institucionalista e trabalha com uma acepção elitista e minimalista de democracia, e José Luís Fiori (2012b) observa que a implementação de políticas econômicas neoliberais – marca do período pós-ciclo autoritário – exige que a participação democrática seja reduzida drasticamente. O que Fiori traz como crítica, Friedrich von Hayek defende claramente. Para essa referência do pensamento neoclássico, as instituições democráticas devem abster-se dos temas econômicos, uma vez que é "reconhecida a ineficácia dos parlamentos quando se trata de administrar em detalhe os assuntos econômicos de um país" (Hayek, 2010, p. 81). Uma vez que a democracia liberal e minimalista simplifica a vida democrática à eleição de representantes, notadamente os parlamentares, o que Hayek defende é isolar a economia do crivo popular.

Voltando à redemocratização da América do Sul, como já dito, esse processo ocorreu entre 1977 (Equador) e 1990 (Chile). Durante o ciclo autoritário, apenas os regimes de Banzer, na Bolívia, e Pinochet, no Chile, praticavam políticas econômicas neoclássicas. Logo, para a maioria da região, o neoliberalismo foi implementado em regimes democráticos e por governos eleitos. No entanto, por um lado, a exigência de se ganhar uma eleição e a consciência de que o neoliberalismo é pouco palatável contribuíram para que houvesse muitos casos daquilo que Susan Stokes chamou de estelionato eleitoral, quando alguém, durante a campanha, propõe uma política econômica expansionista e uma política social inclusiva e distributiva, mas quando assume implementa uma política econômica contracionista e uma política de eliminação de direitos sociais. Por outro lado, o fato de viger uma democracia formal nesses Estados permitiu que a população manifestasse sua indignação em relação às políticas neoliberais. O resultado foi um período de instabilidade presidencial, no qual, à exceção de Chile, Colômbia e Uruguai, em todos os Estados pelo menos um presidente teve seu mandato abreviado (Coelho, 2013).

Como o exercício da hegemonia mundial passa pela vinculação das classes sociais em escala global e conta com uma estrutura social, política e econômica (Cox, 2007), observa-se que, ao longo da década de 1990, as elites sul-americanas se associaram à congênere estadunidense na implementação do neoliberalismo em cada um dos Estados da região. Do ponto de vista doméstico, o neoliberalismo se traduz por um aumento da exploração da classe trabalhadora por meio da desregulamentação das relações laborais e da precarização e da privatização dos serviços públicos e das empresas estatais. Do ponto de vista internacional, é importante observar que, nos países de capitalismo dependente, os governos de corte neoliberal tendem a adotar uma política externa de alinhamento ao poder hegemônico.

Em 1999, Hugo Chávez assume a Presidência da Venezuela, o que marca o início da virada do pêndulo. A crise do neoliberalismo havia aberto caminho para que a esquerda ganhasse as eleições. Fabrício Pereira da Silva (2019, p. 20-21) explica que "em alguns países (principalmente Venezuela, Bolívia e Equador) essas esquerdas chegaram ao poder em meio a uma crise orgânica (com elementos políticos, culturais, sociais e econômicos)". Em maior ou menor grau, esses governos possuíam aspectos semelhantes, notadamente na redefinição do papel do Estado, ênfase nas políticas sociais, maior participação social e valorização da integração regional. No âmbito interno, o principal fruto dessas transformações foi a redução da desigualdade (Silva, 2019).

No Cone Sul também houve uma guinada à esquerda. No entanto, o processo vivido na Argentina, no Brasil, no Chile, no Paraguai e no Uruguai possui duas diferenças inter-relacionadas que tornam essa experiência diferente da experimentada na Bolívia, no Equador e na Venezuela. No Cone Sul, a ascensão da esquerda, ainda que relacionada também a crises decorrentes das políticas neoliberais, se deu em condições de menor deterioração, especialmente no tocante à dimensão político-institucional. Consequentemente, nesses países, a experiência dos governos de esquerda não representou uma ruptura com o *status quo* anterior (Silva, 2019).

Ainda que em graus diferentes, nos dois modelos de experiência de governos de esquerda houve a descontinuidade do neoliberalismo, especialmente no que se refere a privatizações, desmonte dos serviços públicos e corte de direitos sociais. Além disso, na dimensão externa, houve uma concertação política maior materializada na criação da União das Nações Sul-Americanas (Unasul) e da Comunidade dos Estados Latino-Americanos (Celac) (Silva, 2019).

Por um lado, na dimensão doméstica, esses governos de esquerda frearam o desmonte dos serviços públicos, a depreciação das condições de trabalho e a redução dos direitos sociais. Por outro, esses Estados passaram a ter uma política externa que, individual e coletivamente, conferia maior autonomia no cenário internacional, mormente *vis-à-vis* os Estados Unidos.

No caso brasileiro, os governos de esquerda foram conduzidos por Luiz Inácio Lula da Silva (2003-2010) e Dilma Rousseff (2011-2016). Ambos haviam lutado contra a ditadura civil-militar (1964-1985). Lula fora líder sindical no final dos anos 1970 e, nos anos 1980, ajudara a fundar a Central Única dos Trabalhadores (CUT) e o Partido dos Trabalhadores (PT). Dilma fizera parte do Comado de Libertação Nacional (Colina), que depois se tornou o Vanguarda Armada Revolucionária Palmares (VAR-Palmares), movimento guerrilheiro que lutava contra o regime autoritário, e fora presa e torturada em 1969, quando tinha somente 23 anos de idade. Durante os governos Lula, Dilma fora ministra das Minas e Energia (2003-2005) e da Casa Civil (2005-2010).

Dilma foi a primeira mulher a ocupar o Palácio do Planalto. Além de primeira presidenta da história, sua biografia decerto incomodava os conservadores nacionais. Quando as manifestações de junho de 2013 eclodiram, ou seja, quando teve início a revolução colorida, Dilma já estava na metade final do seu primeiro mandato. A despeito da severa crise que se instaurou, a presidenta conseguiu reeleger-se. O golpe de 2016 interrompeu seu segundo mandato e levou à presidência Michel Temer, então vice de Dilma. Essa mudança trouxe consigo mudanças na política doméstica e externa do Brasil.

Do ponto de vista da política doméstica, retornou-se ao paradigma neoliberal. Como constata Wolfgang Maar (2018), está em curso no Brasil uma contrarrevolução preventiva: a burguesia brasileira rompeu com o pacto democrático para impedir o processo inclusivo que vinha sendo tocado pelo PT de forma ordeira e pacífica. É contrarrevolucionário, porque seu objetivo é restabelecer um quadro de exploração. É preventivo porquanto a burguesia decidiu agir assim sem que houvesse um processo revolucionário em curso, muito embora visse nas políticas sociais petistas uma ameaça a seus interesses. Além disso, o autor também salienta a presença de um componente internacional no processo: "A oligarquia amedrontada associou-se com interesses internacionais contrários à nossa soberania, que lhe permitiram somar forças para uma contrarrevolução antidemocrática de natureza preventiva" (Maar, 2018, p. 11).

Do ponto de vista da política externa, do golpe para cá, seus formuladores e condutores têm agido para restabelecer padrões já abandonados há décadas. Refiro-me ao realinhamento à política externa estadunidense, a uma inflexão na política de direitos humanos e à redução da ênfase nas políticas Sul-Sul (Coelho e

Santos, 2017). Os destaques para esse último aspecto talvez sejam a participação na criação do Grupo de Lima, "constituído em finais de 2017 com o explícito propósito de se opor ao governo Maduro" (Pinheiro e Lima, 2018, p. 4). Tais orientações, tanto de política interna quanto de política externa, foram reforçadas com a eleição de Bolsonaro, cuja vitória, como se verá, contou com a ajuda dos mesmos mecanismos que concorreram para a derrubada da presidenta Dilma.

Observa-se, portanto, que as variáveis doméstica e externa estão articuladas. A crise orgânica pela qual passa o Brasil desde 2013 é resultado da interação dialética das linhas de força que ocorrem dentro dos limites nacionais e daquelas atuantes no cenário internacional.

Apresentado o contexto geopolítico no qual se insere a crise orgânica pela qual passa o Brasil, podemos fazer as últimas considerações voltadas a preparar o leitor para o centro da discussão, ou seja, o processo iniciado com a revolução colorida.

Precedentes da crise orgânica brasileira: da redemocratização às manifestações de junho de 2013

Com a Constituição de 1988, teve início o período conhecido como Nova República, fundada sobre "um regime formalmente muito inclusivo, mas que convive com padrões de exclusão social que estão entre os mais aberrantes do mundo" (Miguel, 2019, p. 39), porquanto o "texto constitucional abrigou um bom número de ambiguidades e de medidas cuja efetiva implantação foi postergada" (Miguel, 2019, p. 53). Adicionalmente, os primeiros presidentes eleitos, Fernando Collor de Mello (1989) e Fernando Henrique Cardoso (FHC) (1994 e 1998), tinham plataformas eleitorais neoliberais.

Até o golpe de 2016, o auge do neoliberalismo no Brasil correspondia aos governos FHC (1995-2002). Tal qual ocorreu na vizinhança, as políticas neoliberais tiveram consequências negativas, como depreciação dos serviços públicos e piora na qualidade de vida da maioria da população. Nesse contexto de crise social e econômica, o eleitorado brasileiro elegeu Luiz Inácio Lula da Silva, em 2002. Lula foi reeleito em 2006 e, em 2010, conseguiu eleger a sucessora, Dilma Rousseff.

Embora de forma menos incisiva do que alguns dos outros presidentes de esquerda que marcam o ciclo progressista na América Latina, os governos petistas se pautaram por uma agenda socialmente inclusiva e por praticar uma política externa com vistas à autonomia e que priorizava as relações Sul-Sul (Silva, 2019). O programa Bolsa Família, os aumentos reais do salário-mínimo, a participação na criação da Unasul e dos Brics são alguns dos exemplos de iniciativas que marcaram o período petista. A deposição de Dilma Rousseff representou a solução de continuidade dessas políticas doméstica e externa.

O golpe de 2016 reagrupou as forças políticas no Parlamento em torno de uma agenda político-econômica que conta com o apoio irrestrito do bloco que tomou o poder. A burguesia viu no golpe a oportunidade de conseguir desmontar o Estado de bem-estar social no Brasil – que, em verdade, nem bem chegou a ser implementado, diga-se. Não foi a primeira vez que ela lançou essa investida. Ao contrário, tentou-se na Assembleia Nacional Constituinte (ANC) (1986-1988), na Revisão Constitucional (1993-1994) e nos governos FHC (Queiroz, 2017). Assim, o golpe é tributário de uma disputa política, econômica e ideológica que deita raízes no processo de redemocratização e que ganhou novos contornos a partir de 2013, quando estoura a crise orgânica ora analisada.

Em minha opinião, a luta ideológica é um dos aspectos mais decisivos para a compreensão da crise brasileira. Além disso, e em consequência disso, esse elemento permeia a discussão tanto acerca da guerra híbrida quanto do neogolpismo. Por isso, a discussão acerca da guerra ideológica e sua estrutura permeia também os dois próximos capítulos.

Nessa disputa ideológica, o neoliberalismo opera duas estratégias discursivas. Uma é converter o trabalhador em empreendedor. O empreendedorismo representa o sucesso da burguesia em transferir para o trabalhador o custo da produção e eliminar os direitos trabalhistas. Ele já estava presente na estrutura político-econômica mesmo nos governos petistas. Porém, após o golpe, houve um empenho em precarizar ainda mais as condições laborais, notadamente com a aprovação da Reforma Trabalhista (2017) (Abílio, 2020).

A outra estratégia discursiva é a da responsabilidade fiscal, que apresenta a eliminação dos direitos sociais e serviços públicos, materializada nas "reformas estruturantes", como única solução para a crise econômica e condição para o crescimento econômico. Desde os anos 1990, com algumas variações, esse é o bordão entoado pela direita (Delgado e Castro, 2004). Esse discurso também foi a tônica da crítica aos governos petistas, agora sob a forma de que os direitos assegurados na Constituição não cabem no Produto Interno Bruto (PIB). Aqui também cabe observar que os governos do PT, em que pese a ênfase social que os marcaram, não romperam com a lógica neoliberal, como bem ilustra a manutenção do "tripé macroeconômico".

Por um lado, esses são os elementos positivos, propositivos, mobilizados pela burguesia. Por outro, o elemento negativo, combativo, fica por conta do anticomunismo, presente na retórica da direita há mais de um século e que recentemente foi atualizado para o antipetismo.

Motta (2019) afirma que a esquerda sempre menosprezou o anticomunismo, embora esse componente ideológico já estivesse presente na política brasileira desde o fim do século XIX – ainda que com pouca capacidade organizativa –, tenha se tornado um dos principais elementos agregativos da direita a partir dos anos 1930, e tenha sido fundamental para a consecução do golpe de 1964, possibilitando secundar as diferenças entre os segmentos golpistas.

Como observa Chaloub (2018, p. 6-7), uma distinção da extrema-direita que contribuiu para a guinada à direita da política brasileira foi levar o debate para o campo moral. A isso se somou a retomada do anticomunismo. Criou-se um maniqueísmo no qual a esquerda é uma "patologia que não deve ser tolerada, mas extirpada". Além disso, um efeito colateral da longevidade dos governos petistas foi que a extrema-direita pôde associar o PT ao *status quo*, dessa forma, ela pôde se apresentar como uma força de contestação e de mudança.

Nesse sentido, o combate à corrupção foi o elemento discursivo que arregimentou a maior parte da classe média em torno do antipetismo. A classe média tradicional – anterior aos governos petistas – e a erroneamente chamada "nova" classe média – formada por aqueles que abandonaram a condição de subempregados na esteira das políticas sociais promovidas pelos governos petistas – repeliam o lulismo porque viam a inclusão social a ele associada como uma ameaça à sua condição privilegiada na estrutura político-social brasileira. Como o lulismo vinculava-se à inclusão social, pode-se dizer que ele obstava que o liberalismo ganhasse espaço nas classes populares e se materializasse na política partidária (Singer, 2012).

Não sendo estratégico atacar os governos petistas pelo que realmente incomodava – as políticas sociais –, a direita mudou o foco da discussão da política para a moral, com destaque para a luta anticorrupção. Esse discurso toca particularmente a classe média, porque a corrupção distorce a meritocracia, valor muito caro aos estratos médios, porque serve para legitimar seus privilégios. Em verdade, essa bandeira escamoteava seu incômodo com a "tímida" política social dos governos petistas, e foi colocada em primeiro plano porquanto o motivo real isolaria a classe média (Boito Jr., 2019).

Benoît Bréville e Renaud Lambert (2019) afirmam que corrupção é um termo "nebuloso" e "flutuante". Céli Regina Jardim Pinto (2019) explica que "corrupção" é um termo de significado flutuante, ou seja, não é um marcador ideológico *a priori*, logo, pode ser mobilizado tanto pela direita como pela esquerda. A autora identifica que a estratégia discursiva da direita passou por criar duas falsas cadeias de equivalência: esquerda, Estado forte, corrupção *vs.* luta contra a corrupção, Estado mínimo, direita.

No Brasil, historicamente, a luta contra a corrupção possui dois eixos. Um é a representação da corrupção como uma degeneração moral de uma determinada elite política. O outro é sua representação como "um mal intrínseco ao Estado, sobretudo quando este se imiscui em terrenos do mercado", leitura que encontra eco em boa parte dos cientistas políticos, que olvidam o papel dos burgueses e das grandes corporações na formação das leis e no funcionamento do Estado. Ademais, a ideia de que a corrupção é uma prática disseminada torna prescindível a comprovação de culpa, assim, o respeito às formalidades processuais se torna um obstáculo à purificação da sociedade. Não por acaso, os dois eixos da anticorrupção "coincidem com as duas narrativas centrais do discurso vitorioso de Jair Bolsonaro, representadas pelo 'Posto Ipiranga' Paulo Guedes e pelo 'justiceiro' Moro" (Chaloub, 2019, p. 8-9).

A essa abordagem sobre os temas que perpassam a sociedade como um todo devemos acrescentar a análise político-institucional. Como observa Miguel (2018, p. 4-5), durante a transição para a democracia, devido às suspeitas em relação aos militares, setores da esquerda foram entusiastas do fortalecimento do papel da Polícia Federal (PF) e do Ministério Público (MP). Esse entusiasmo, no entanto, negligenciou que "em seu conjunto, o Poder Judiciário atua como avalista da desigualdade e das relações vigentes de dominação". A inobservância quanto à importância do Judiciário na luta de classes fez com que os governos petistas escolhessem para o STF juristas conservadores, cujas indicações causariam menos atritos.

Ademais, os governos petistas fortaleceram a PF e o MP, conforme reconhece Carlos Fernando dos Santos Lima, um dos procuradores da Lava Jato (Reverbel, 2016, p. A7). Uma iniciativa do governo Lula, que teve continuidade no governo Dilma e que contribuiu para o fortalecimento do MP, foi a nomeação do primeiro indicado da lista tríplice da eleição interna do órgão. Tal ação não é uma obrigação, não era praticada antes e nem continuou a ser depois do golpe. Essa autonomia corporativa não se verifica nos EUA ou em qualquer Estado-membro da União Europeia (Lupion, 2019).

Finalmente, há um componente de classe subjacente à conduta de delegados, promotores e juízes e que, em parte, explica seu comportamento político. Egressos de um segmento privilegiado da sociedade, a maioria desses agentes exercem seus ofícios influenciados por uma visão de classe segundo a qual as políticas sociais que marcaram os governos petistas representavam uma ameaça (Santos, 2017).

Outro elemento de relevo para compreender a crise iniciada em 2013 diz respeito à dimensão midiática, na qual destacam-se dois aspectos: a defesa do neoliberalismo e o antipetismo. Durante a Assembleia Constituinte, a mídia oligopolista militou contra a inclusão dos direitos sociais. Desde então, interdita o debate sobre os rumos da política econômica, apresentando exclusivamente as teses neoliberais (Fonseca, 2011). Além disso, eles participaram ativamente do movimento conservador que culminou na presente crise ao fortalecer os valores da meritocracia e do individualismo (Fonseca, 2012).

Já o antipetismo é uma marca da mídia oligopolista desde a eleição presidencial de 1989, quando, a fim de impedir a vitória do PT, associou-se o partido ao sequestro do empresário Abílio Diniz, ocorrido às vésperas do pleito, e fez-se edição tendenciosa do último debate de modo a prejudicar Lula. Nas eleições de 1994 e de 1998, houve um esvaziamento da cobertura política, com o fito de garantir a eleição e reeleição de FHC. Na eleição de 2002, houve um relativo aumento da cobertura política. Porém, o ponto de inflexão foi a eleição de 2006, tendência mantida desde então. O noticiário político passou a focar na corrupção. A instrumentalização do tema para depreciar a imagem do PT fica evidente na proporção entre a atenção dada a casos de corrupção ligados ao PSDB e ligados ao PT no noticiário no período eleitoral de 2010 e 2014: no primeiro, para cada caso vinculado aos tucanos, houve 19,5 casos vinculados aos petistas; no segundo, a relação foi de um para 13 (Feres Jr. e Sassara, 2016).

A despeito desse comportamento, os governos petistas não atuaram no sentido de tornar o ambiente comunicativo brasileiro mais plural. Podemos listar três iniciativas nessa matéria: disponibilizar no *site* do Ministério das Comunicações os nomes dos proprietários das concessões de rádio e televisão; criar a Agência Nacional de Audiovisual (Ancinav); e criar o Conselho Nacional de Jornalismo (CNJ). Em todas as frentes, o governo recuou diante da reação da mídia e dos parlamentares a ela ligados (Miguel, 2019).

Agiu-se assim apesar de intelectuais ligados ao PT indicarem a necessidade de se atentar à temática das comunicações. Venício de Lima (2015), por exemplo, afirmou que os conhecidos viés direitista e métodos espúrios que caracterizam a mídia brasileira não isentam os governos petistas de sua responsabilidade de não ter efetivamente atuado para reverter o quadro.

Helena Martins (2020) pontua que a mídia deve ser entendida para além da função de informar: é necessário considerar sua função na formação da sociedade, em suas dimensões política, econômica e cultural. Para promover mudanças em uma sociedade há que se observar não apenas a política e a economia, mas também a comunicação, de modo a preparar o terreno para disputar ideologicamente a sociedade.

Finalmente, a questão militar, aqui dividida em três aspectos. Um é o papel histórico dos militares na política brasileira em geral, que, para José Genoino,[*] se divide em dois elementos inter-

---

[*] As citações de José Genoino se originam de entrevistas concedidas ao autor.

-relacionados, a autonomia em relação ao poder civil e a tutela sobre o Estado:

> o pensamento das Forças Armadas no Brasil sempre foi por total autonomia. Eles nunca aceitaram a subordinação ao poder civil, ao poder civil que emana do povo, ao comando da soberania popular. Por isso é que, diante de todas as crises institucionais, as Forças Armadas intervieram: Getúlio, Juscelino, renúncia de Jânio, 1964. Em todas as crises institucionais por que as Forças Armadas tiveram o papel protagonista? Exatamente porque elas se consideram uma força tutelar sobre o Estado.

O segundo aspecto deriva desse papel "autoconcedido" das Forças Armadas. Os militares interditam o debate acerca dos crimes cometidos durante a ditadura. Desde a redemocratização até 2014, todos os momentos de tensão entre os militares e o poder civil têm a ver com esse interdito (Silva, 2019). Nesse sentido, como observa Genoino, a Comissão Nacional da Verdade (CNV) (2011-2014) representou o cruzamento do Rubicão: até então, "a relação com os militares vinha se mantendo equilibrada. Havia da parte deles o respeito por nós. E a gente não tinha mexido com eles. Dali em diante, nossa relação passou a ser mais difícil".*

Finalmente, há que se observar que até recentemente o papel dos militares no golpe de 2016 vinha recebendo pouca atenção dos analistas, o que era justificável e compreensível, afinal nada indicava um envolvimento efetivo da caserna para a consecução do golpe. O lançamento do livro *A escolha*, porém, deve influenciar estudos futuros. Feito a partir de uma série de entrevistas que Temer (2020) concedeu a Denis Rosenfield, o livro traz a informação de que o então vice-presidente teve conversas com os generais Eduardo Villas Bôas e Sérgio Etchegoyen, à época, respectivamente, comandante do Exército e chefe do Estado Maior, sobre os rumos da crise política que redundaria na derrubada de Dilma e na ascensão de Temer à presidência.

---

* Entrevista realizada pelo autor.

Apresentado o contexto geopolítico no qual se insere a crise brasileira, é hora de analisar a crise orgânica em si. Como já foi anunciado, a tese com a qual trabalhei foi a de que o golpe de 2016 e a eleição de Bolsonaro em 2018 são parte de uma estratégia maior, fazem parte da guerra híbrida a qual o Brasil foi submetido.

Guerra híbrida

> Fala-se em espontaneidade, mas o desenvolvimento espontâneo do movimento operário aponta justamente para a subordinação deste à ideologia burguesa.
> (Vladimir Lenin, *Que fazer?* p. 146)

> é o segredo da felicidade e da virtude: amar o que se é obrigado a amar. Tal é a finalidade de todo o condicionamento: fazer as pessoas amarem o destino social a que não podem escapar.
> (Aldous Huxley, *Admirável mundo novo*, p. 27-28).

Quando falamos em "guerra híbrida", falamos tanto de um fenômeno quanto de um conceito. Como fenômeno, a guerra híbrida surge da necessidade de se contornar os constrangimentos internacionais acerca da guerra; como conceito, surge para apontar que atualmente a guerra é praticada por meios que escapam às teorias mais amplamente aceitas.

Em relação aos constrangimentos, vale a pena retomar alguns pontos abordados no capítulo anterior, sobre imperialismo. É ao Estado que compete decidir como se dará o uso do território. Essa decisão, frise-se, possui caráter político e econômico e dimensões nacional e internacional. Ademais, o Direito Internacional não autoriza a guerra de conquista (Mazzuoli, 2018; Portella, 2016). Ou seja, para acessar os recursos de um território, sejam eles sociais, sejam naturais, há que se ter o consentimento do governo do Estado em cuja jurisdição se encontram tais recursos econômicos. Portanto, as estratégias globais de poder passam também por buscar uma maneira de organizar o território sobre o qual se apoia a economia internacional.

Ademais, a guerra convencional – entre dois ou mais Estados, com tropas regulares e por meios prioritariamente militares de combate – tornou-se virtualmente impraticável entre as potências desde o advento das armas nucleares, uma vez que esses conflitos podem conduzir os beligerantes a um ponto sem retorno. Por isso, os conflitos passaram a tomar formas não convencionais. A depender da escola militar, essa nova modalidade de conflito pode se chamar guerra assimétrica, guerra irregular, guerra irrestrita, guerra além dos limites ou guerra de quarta geração (Simioni, 2011). A despeito do nome que se dê, cada vez mais as guerras vêm usando expedientes não militares para conquistar seus objetivos (Korybko, 2018a; Simioni, 2011).

Guerra

Uma vez que a guerra se metamorfoseou ao longo do tempo, sua definição conceitual demanda atualização, o que nem sempre é trivial. Porém, para demonstrar como a crise brasileira pode ser considerada uma guerra híbrida, é mister enfrentar esse desafio.

Autor do verbete "guerra" no *Dicionário de política*, de Bobbio *et al.*, Umberto Gori (2010) destaca que inexiste uma definição consensual para o termo.

> Os internacionalistas estudam os critérios com base nos quais é possível distinguir exatamente o estado de guerra do estado de paz [...] Estas definições, porém, não visam tanto colher a essência do fenômeno, quanto evidenciar seus determinados momentos formais, os quais, contudo, vão desaparecendo cada vez mais da praxe atual. (Gori, 2010, p. 571)

O autor está indicando duas dificuldades enfrentadas pela Ciência Política para analisar as guerras. A primeira é que não se está alcançando a essência do objeto. A outra refere-se à atualização. A presente pesquisa dialoga com ambas as questões, afinal, não atingindo a essência do objeto e apegada a uma conceituação de guerra insuficiente para caracterizar o fenômeno no presente, não estaria a maioria dos analistas deixando de perceber que houve uma guerra a fim de submeter o Brasil à vontade dos Estados Unidos?

Gori prossegue:

> A tradição doutrinal tem insistido muito sobre o fato de que a violência se expressa na guerra por meio da 'Força Armada'. Isso reduziu bastante os casos que podemos configurar como guerra; mas, mesmo assim, se se ganhou em matéria de precisão, perdeu-se um pouco o contato com a realidade do nosso tempo. Hoje, a 'força' não se expressa mais (nem é mais assim concebida) apenas em termos militares [...] Todos os outros tipos de guerra (psicológica ou guerra fria, guerra econômica etc.), que têm tanta influência sobre as relações internacionais, fogem a esta norma específica atual. (Gori, 2010, p. 571)

Novamente, o autor expõe a dificuldade que a academia tem demonstrado para apresentar uma definição de guerra aplicável aos nossos dias. Reconhecer essa dificuldade não o impede de formular o que ele considera a definição "mais próxima da realidade": "a guerra se configura, ao mesmo tempo, como uma espécie de conflito, uma espécie de violência, um fenômeno de psicologia social, uma situação jurídica excepcional e, finalmente, um processo de coesão interna" (Gori, 2010, p. 572).

Gori (2010) observa ainda que os objetivos da guerra podem ser de duas naturezas: absoluta ou limitada. Uma foca na destruição total do adversário; a outra, em alterar o comportamento do oponente, redefinindo as relações de poder num determinado território.

O trabalho de Gori ajuda a identificar o estado da arte no que toca a concepção política da guerra. Cumpre agora aprofundar o tema a partir dos trabalhos de Sun Tzu, Nicolau Maquiavel e Carl von Clausewitz, pensadores que a ele se dedicaram e cujas obras são basilares para qualquer reflexão presente.

Sun Tzu

Em *A arte da guerra*, o general Sun Tzu* (2007) explicitava a relação entre os assuntos bélicos e políticos logo no primeiro parágrafo: "a guerra tem importância crucial para o Estado [...], quem não reflete sobre o assunto evidencia uma indiferença condenável pela conservação" (Sun, 2007, p. 12).

Sun (2007) pontua que a qualidade de um general se mede não pelas batalhas épicas, mas pelas vitórias obtidas sem que se tenha necessitado combater, ou, em suas palavras, o melhor general é aquele que "sem derramar uma gota de sangue, sem mesmo desembainhar a espada, consegue tomar as cidades" (Sun, 2007, p. 21). Para ele, não poderia ser diferente, afinal, "a melhor política guerreira é tomar um Estado intato; uma política inferior consiste em arruiná-lo" (Sun, 2007, p. 19).

Para vencer sem precisar combater é importante sabotar o Estado inimigo por meio da cizânia em suas fileiras, da interferência nas suas relações exteriores; e dificultar que seus governantes tenham capacidade de tomar decisões. Em contrapartida, o zelo para com a coesão interna ("harmonia nas relações humanas") possui mais relevância que o senso de oportunidade (tempo) ou o conhecimento do terreno (espaço) (Sun, 2007).

Sun (2007) dedica o derradeiro capítulo de seu livro ao que chamou de "arte de semear a discórdia". Para tanto, não se deve economizar na espionagem, cuja função se divide em duas. A mais óbvia é a de obter informações acerca do alvo. A outra é a de insuflar divisões, no que consiste o segredo de todo o sucesso. Explica ainda que a criação da discórdia deve operar de forma segmentada, de acordo com nichos específicos.

---

*   Conforme consta na própria apresentação da edição usada nesta pesquisa (Sun, 2007), há uma polêmica sobre a existência ou não do general Sun Tzu. Não entraremos nessa controvérsia, uma vez que, para nossa investigação, o que interessa é o conteúdo da obra *A arte da guerra*, pouco importando se Sun Tzu foi uma pessoa real ou um pseudônimo de um ou vários estrategistas.

O grande segredo para vencer sempre consiste na arte de semear a divisão: nas cidades e nas aldeias, no exterior, entre inferiores e superiores [...].
Chamo divisão nas cidades e nas aldeias aquela mediante a qual se consegue conquistar os habitantes das cidades e das aldeias que estão sob dominação inimiga, envolvendo-os para que possam ser usados com segurança, em caso de necessidade.
Chamo divisão exterior aquela mediante a qual se consegue aliciar os oficiais que servem no exército inimigo.
Pela divisão entre inferiores e superiores entendo a que nos coloca em condições de aproveitar a dissensão que semeamos entre os aliados, entre as diferentes guarnições, ou entre os oficiais dos diversos escalões do exército inimigo. [...]
Se souberes infiltrar traidores nas cidades e nos vilarejos inimigos, em breve terás ali muitas pessoas inteiramente devotadas. (Sun, 2007, p. 75-76)

Maquiavel

Maquiavel ensina que subverter a ordem em um Estado é um passo importante para que "uma parte dele possa ser seguramente tomada" (Maquiavel, 2013, p. 33). Ele afirma: "por mais poderoso que seja o próprio exército, necessita-se sempre da ajuda da gente local para o ingresso nas suas terras" (Maquiavel, 2013, p. 9).

Ainda sobre a conquista, o autor enfatiza que se deve estar providente para aproveitar as oportunidades. "Os homens que querem fazer uma coisa devem primeiro, com toda indústria, preparar-se, para que possam, quando a ocasião chegar, estar aparelhados para satisfazer o que se predispuseram a operar" (Maquiavel, 2015, p. 38). Complementa o autor que, uma vez conquistado um Estado soberano, será mais fácil dominá-lo "através de seus próprios cidadãos do que por outros meios" e que um dos modos de manter tal domínio é "recolhendo um tributo e criando em seu interior um governo oligárquico que lhes coíba todo amotinamento" (Maquiavel, 2013, p. 24).

Clausewitz

Para o general Clausewitz (2005, p. 295), "a arte da guerra, no seu ponto máximo, é a política". O autor pontua que, para além da destreza militar, na execução do combate propriamente dito, o sucesso de uma campanha depende de conquistar o que hoje chamaríamos de "corações e mentes" do inimigo:

> mesmo que esses objetivos [militar e territorial] estejam conquistados, ainda assim, a guerra, ou seja, os sentimentos e atividades ameaçadoras de grupos hostis, não podem ser julgados como findos enquanto a vontade do inimigo também não for dominada. (Clausewitz, 2005, p. 31)

Clausewitz (2005) ensina que a estratégia é o conjunto de ações voltadas para o desenvolvimento da campanha e possui cinco categorias: moral, física (capacidade militar), matemática (ângulos das linhas de combate), geográfica e estatística. O autor destaca que, dentre elas, a mais importante diz respeito às forças morais. Por sua vez, uma das principais armas contra as forças morais do inimigo é o elemento surpresa, devido à sua capacidade de confundir e reduzir a coragem do inimigo.

No entanto, a surpresa está condicionada à existência da oportunidade, que, por sua vez, não é um elemento que o comandante controla. O sucesso do elemento surpresa "está relacionado com a imprescindível presença de circunstâncias favoráveis, que, obviamente, não acontecem com muita frequência e que raramente podem ser provocadas pelo próprio comandante" (Clausewitz, 2005, p. 164).

Como se verá, a guerra híbrida pode ser entendida como o ápice das formulações de Tzu, Maquiavel e Clausewitz. No entanto, antes de fazermos essa relação, é necessário observarmos algumas inflexões ocorridas na arte da guerra na conjuntura que se abriu no pós-Segunda Guerra Mundial e que se tornaram mais marcantes no pós-Guerra Fria, especialmente no que diz respeito à guerra ideológica.

As transformações da guerra a partir de 1945 e a importância da guerra ideológica

Mary Kaldor (2012) observa que, desde o fim da Guerra Fria, vêm ocorrendo o que ela chama de "novas guerras": modalidades de violência que transcendem as fronteiras nacionais e que não são alcançadas pela gramática política. As novas guerras seriam marcadas pela indistinção, pela dificuldade em estabelecer seus limites, especialmente no que diz respeito se os atores são estatais ou não, quem são os combatentes e os não combatentes. Segundo ela, as novas guerras relacionam-se ao enfraquecimento do poder do Estado, cujo monopólio da violência haveria sido erodido com o avanço da globalização.

Antes de continuar com a análise das transformações pelas quais passou a arte da guerra a partir da Guerra Fria, é forçoso registrar uma crítica ao ocidentalismo que há no centro da tese de Kaldor. Objetivamente falando, não se pode dizer que é uma novidade genuína a indistinção entre combatentes e não combatentes e entre a violência praticada por forças estatais e não estatais. Afinal, não há registro que na história da colonização e do imperialismo fossem poupadas mulheres, crianças ou idosos dos povos ameríndios, africanos, aborígenes ou asiáticos. Além disso, a colonização e o imperialismo sempre contaram com forças públicas (estatais) e privadas. Para não nos estendermos nos exemplos, lembremos das Entradas e Bandeiras no Brasil, da iniciativa dos colonos estadunidenses na expansão a oeste e da empresa colonial de Cecil Rhodes na África Meridional.

Voltando à argumentação de Kaldor (2012), a autora também frisa a relação entre a tecnologia da informação (TI) e as novas guerras. Em que pese afirmar que se trata mais do que incorporar ao combate a tecnologia de ponta, ela reconhece que as mídias eletrônicas potencializam a capacidade de mobilização e ação política.

Finalmente, a autora explica que a função de distinguir entre novas e velhas guerras era alterar a percepção dominante sobre as guerras (Kaldor, 2012), o que é muito importante para a presente pesquisa, afinal, há no cenário político uma forma de submeter Estados e populações e que escapa das caracterizações tradicionais de guerra. A razão dessa inobservância deriva de que "o que tendemos a perceber como guerra [...] é, de fato, um fenômeno específico que se formou na Europa entre os séculos XV e XVIII, embora tenha passado por várias fases diferentes desde então" (Kaldor, 2012, p. 15).*

Apresentado esse contexto teórico geral, podemos tratar das transformações pelas quais a guerra passou e que, no meu entendimento, ajudam a iluminar os mecanismos que contribuíram para a crise orgânica brasileira, objeto de nosso estudo.

Como dito no início do capítulo, o advento e a proliferação das armas nucleares figuram entre as principais razões – senão a principal – para que os Estados mais poderosos buscassem alternativas às guerras convencionais. O risco de que as guerras convencionais entre grandes potências evoluam para um conflito nuclear tornou-as virtualmente impraticáveis. Dessa forma, foi necessário desenvolver outras formas de combate (Simioni, 2011).

Assim, um aspecto central na Guerra Fria foi a luta no campo ideológico. Nesse sentido, é oportuno recuperar uma discussão feita anteriormente (ver "Imperialismo," no primeiro capítulo) acerca da ideologia e da sua função na geopolítica. Sendo a ideologia um conjunto de valores que motivam a ação política, ela é indispensável para definir o grupo que ocupará o governo em um Estado e os rumos da política e da economia que esse governo tomará, o que tem reflexos de ordem doméstica e internacional, afinal, é a ideologia de um grupo dirigente que determina como um Estado se porta na política internacional e na economia política

---

* Tradução nossa do trecho "What we tend to perceive as war [...] is, in fact, a specific phenomenon which took shape in Europe somewhere between the fifteenth and eighteenth centuries, although it has passed through several different phases since then".

internacional; é por meio da ideologia que os Estados definem quem são seus aliados e quem não os são.

Ao longo da Guerra Fria, Estados Unidos e União Soviética empenharam-se intensamente nessa luta por corações e mentes. A disputa ideológica foi uma dimensão tão importante do conflito que há quem fale na "Guerra Fria Cultural" (Saunders, 2008).

Entre os estadunidenses, o mentor dessa operação foi o diplomata George Kennan. Formulador da estratégia da contenção e do Plano Marshall, ele foi "um dos pais da CIA [Agência Central de Inteligência]", a quem coube a guerra cultural. Em 1947, ano de fundação da Agência, suas ideias inspiraram uma diretriz do Conselho de Segurança Nacional que instruiu a CIA "a empreender 'atividades psicológicas sigilosas' que apoiassem as políticas anticomunistas norte-americanas" (Saunders, 2008, p. 54). Assim, "a CIA construiu um 'consórcio' cuja dupla tarefa era vacinar o mundo contra o contágio do comunismo e facilitar a aceitação dos interesses da política externa norte-americana" (Saunders, 2008, p. 14). Portanto, longe de ser uma curiosidade enciclopédica, o que se pretende nesse parágrafo é ilustrar como, desde o início, a CIA e a guerra cultural e ideológica estavam e estão subordinadas a uma estratégia de política internacional.

Em 1961, os Estados Unidos fundaram a United States Agency for International Development (Usaid), órgão do Departamento de Estado dos Estados Unidos cuja missão é "apoiar a condução da política externa estadunidense" e promover "a democracia, a paz e a prosperidade mundo afora" (Usaid, s.d.). Para tanto, a Usaid estabelece parcerias em outros países. Essas parcerias podem ser com instituições públicas ou privadas.

Tão logo foi fundada, a Usaid passou a operar na América Latina, trabalhando em parceria com *think tanks* liberais, financiando professores universitários de direita e até mesmo de esquerda – desde que não fossem comunistas –, recrutando e oferecendo instrução a agentes de segurança. Dessa forma, a Usaid tanto contribuiu para a desestabilização dos governos derrubados na região quanto apoiou as ditaduras que seguiram aos golpes.*

Em 1983, os EUA criaram o National Endowment for Democracy (NED). O fundo surgiu da necessidade de apoiar abertamente instituições que possuíssem afinidade ideológica com o governo estadunidense, uma vez que o financiamento secreto da batalha de ideias não foi bem recebido quando, em 1967, foi tornado público. Apesar de ser uma organização não governamental, o NED recebe e distribui recursos públicos a organizações privadas a fim de promover os valores da democracia liberal e do livre-mercado (Lowe, s.d.).

O NED é um elemento-chave na retomada da ofensiva estadunidense. Ele articula a tese falaciosa e propagandística da inseparabilidade entre neoliberalismo e democracia, enunciado central da Doutrina Reagan e que vem sendo replicado por todos os governos estadunidenses que vieram depois. Sua criação foi seguida da de outras três instituições com as quais o fundo trabalha: o International Republican Institute (IRI), o National Democrat Institute (NDI) e o Center of Private Enterprise (Cipe). Os dois primeiros são *think tanks* ligados aos principais partidos estadunidenses. O Cipe é uma entidade vinculada à Câmara de Comércio dos Estados Unidos. Essas quatro instituições foram criadas para travar de forma aberta a guerra ideológica que a CIA vinha travando de forma encoberta (Peck, 2010). Ademais, a relação entre o NED e a CIA fica evidente pelo fato de que pela direção do fundo passaram notáveis ex-agentes de inteligência, como John Dimitri Negroponte (Meyssan, 2004).

Montado para travar a guerra ideológica contra o socialismo soviético, tal aparato não foi desmobilizado após a vitória na Guerra Fria. A partir dos anos 1990, além de continuar operando nas ex-repúblicas soviéticas, o NED atuou para desestabilizar os

---

* Para mais detalhes, ver "Imperialismo e golpes de Estado na América Latina" no primeiro capítulo, no qual o tema é discutido mais profundamente.

governos de Jean-Bertrand Aristide (Haiti), Fidel Castro (Cuba) e Hugo Chávez (Venezuela). O NED distribui recursos para ONGs e *think tanks* liberais cujos militantes recebem formação intelectual – desde teoria liberal até ação política – oferecida direta ou indiretamente por quadros da Usaid, do IRI e do NDI (Mackinnon, 2010). Financiamento e treinamento são a chave para compreender as revoluções coloridas, e consequentemente a crise brasileira.

Como se percebe, ao longo da Guerra Fria a disputa pelas ideias, a guerra ideológica, foi ganhando destaque a ponto de os Estados Unidos construírem uma verdadeira estrutura para esse fim, estrutura essa que envolve agências governamentais e não governamentais. A função dessa batalha por corações e mentes é tornar mais palatáveis a ideologia liberal – ou, a partir dos anos 1980, neoliberal – e a hegemonia estadunidense. Como se verá nos próximos tópicos, dar maior peso à guerra ideológica representa um aprendizado do que Tzu, Maquiavel e Clausewitz ensinaram. Além disso, a guerra ideológica ocupa lugar destacado na estratégia de guerra híbrida.

Guerra híbrida

Ao descrever o "novo intervencionismo americano", Fiori (2020, p. 107) afirma que

> Num nível mais alto e mais complexo de intervenção, encontra-se aquilo que os analistas têm chamado de 'guerra híbrida' ou 'guerra de quarta geração'. Um tipo de guerra que não envolve necessariamente bombardeios, nem o uso explícito da força, porque seu objetivo principal é a destruição da vontade política do adversário [...] até o limite da indução e manipulação dos 'levantes populares' que foram utilizados em alguns países da Europa Central e do Oriente Médio, e que agora estão sendo utilizados na América Latina. E também no Brasil.

Andrew Korybko (2018a) explica que a guerra híbrida possui duas etapas. Ela "inicia-se com a implementação de uma revolução colorida como tentativa de golpe brando, que é logo seguida de um golpe rígido, por intermédio de uma guerra não convencional, se o primeiro fracassar" (Korybko, 2018a, p. 13). Para ele, a revolução colorida é a etapa civil da guerra híbrida, enquanto a guerra não convencional é sua forma militar. A guerra não convencional é travada por forças não oficiais, mercenários e/ou grupos insurretos nacionais do próprio Estado alvo do ataque. Via de regra, ela eclode em um cenário já desestabilizado pela revolução colorida.

É importante pontuar que, embora Korybko (2018a) tenha se baseado na compreensão estadunidense de guerra não convencional, a doutrina dos Estados Unidos para essa modalidade de conflito não distingue as atividades armadas das não armadas.

Dentre os cenários possíveis de atuação das Forças Armadas estadunidenses, a National Defense Strategy de 2005 elencou a guerra irregular, situação em que o excedente de força estadunidense é desafiado por métodos não convencionais de combate (Hoffman, 2007). Em 2010, o Departamento de Defesa (DOD) emitiu o documento "Training Circular (TC) 18-01", que instrui as Forças Especiais sobre guerras não convencionais, afinal, "em um futuro previsível, as Forças dos EUA se envolverão predominantemente em operações de guerra irregular" (Departament of Defense [EUA], 2010, p. iv),* embora recorde que esse tipo de operação já fora experimentado na Segunda Guerra Mundial (1942-1945), na Guerra da Coreia (1951-1953), no teatro europeu durante a Guerra Fria (1952-1989), na Guatemala (1954), em Cuba (1960) e na Nicarágua (nos anos 1980) (Department of Defense, 2010).

O DOD define guerras não convencionais como "atividades realizadas para permitir que um movimento de resistência ou insurgência possa coagir, interromper ou derrubar um governo ou poder de ocupação operando por intermédio ou com uma força subterrânea, auxiliar e guerrilheira". O Departamento ainda completa que "a intenção dos esforços de guerra não convencionais dos

EUA é explorar as vulnerabilidades políticas, militares, econômicas e psicológicas de uma potência hostil, desenvolvendo e sustentando forças de resistência para cumprir os objetivos estratégicos dos EUA" (Department of Defense, 2010, p. 1.1).

Um elemento importante em uma campanha de guerra não convencional é a subversão, "ações destinadas a minar a força ou moral militar, econômica, psicológica ou política de uma autoridade governante" e cuja função é "dilapidar o poder do governo ou elemento de ocupação, retratando-o como incapaz de atender às demandas da população" (Department of Defense, 2010, p. 1.6-1.7).*

O documento destina uma seção à "viabilidade para o patrocínio dos Estados Unidos", na qual fica claro que Washington reconhece seus limites para interferir no quadro político da "nação hostil": "embora forças externas possam alterar e moldar o ambiente existente em algum grau, elas não podem fabricá-lo ou transplantá-lo artificialmente" (Department of Defense, 2010, p. 1.3). Nesse sentido, o TC 18-01 destaca que essas operações excedem a capacidade de ação dos DOD e que, por isso, exige cooperação interagências para assim melhor explorar as condições favoráveis.

Há condições gerais e específicas que condicionam o sucesso desse tipo de operação. Em geral, uma população dividida é mais vulnerável. Em contrapartida, entre as condições específicas que facilitam uma campanha de guerra não convencional, uma relaciona-se mais à nossa pesquisa: a existência de segmentos nacionais dispostos a colaborar com os Estados Unidos (Department of Defense, 2010).

---

* Tradução dos trechos "Subversion undermines the power of the government or occupying element by portraying it as incapable of effective governance to the population" e "Actions designed to undermine the military, economic, psychological, or political strength or morale of a governing authority".

Como já apontado, um dos resultados da crise iniciada em 2013 é o alinhamento do Brasil à política externa estadunidense, ou seja, forças endógenas se dispuseram a cooperar com Washington. A compreensão de como se deu a guerra híbrida no Brasil parte do entendimento sobre o funcionamento das revoluções coloridas.

Revoluções coloridas

Em uma guerra híbrida, a abordagem indireta e a dissimulação são fundamentais, e ambas têm na revolução colorida seu ápice. Para discorrer sobre revoluções coloridas, há que se tratar primeiramente sobre o que os militares denominam de "ciclo OODA" (observação, orientação, decisão e ação). Como observa Korybko (2018a, p. 31),

> A imprevisibilidade inerente à abordagem indireta dribla o ciclo OODA do alvo desorientando-o, debilitando assim sua capacidade de tomar as decisões certas e de agir da maneira mais apropriada. As revoluções coloridas desorientam a política e as Forças Armadas porque suas manifestações são propositalmente estruturadas para parecer imprevisíveis.

Ao interferir no ciclo OODA, a revolução colorida dificulta a percepção das lideranças políticas, retardando ou até mesmo neutralizando sua resposta.

A revolução colorida é uma mudança de regime ou golpe brando e consiste em uma operação que solapa a liderança do governo-alvo. Sua principal característica são manifestações multitudinárias que aparentam ser espontâneas (Korybko, 2018a; Bandeira, 2016a; Visentini, 2014). Sinteticamente, seu *modus operandi* pode ser descrito da seguinte forma: grupos preparam militantes que ficam a postos esperando um evento que sirva de estopim para a revolução colorida, que, uma vez em curso, promove um desafio político que desestabiliza o governo. A partir de um evento que possa ser anabolizado, começa uma intensa campanha midiática.

Sobretudo, uma revolução colorida precisa parecer espontânea a partir de uma sistemática campanha de informação e propaganda, as pessoas atingidas passam a considerar que sua ação é movida por uma volição genuína e se tornam militantes de uma causa. Trata-se de uma operação de guerra ideológica cujos valores são sintetizados no tripé neoliberalismo/democracia liberal/hegemonia estadunidense (Korybko, 2018a).

A estrutura de uma revolução colorida tem raízes no exterior e se ramifica nos Estados-alvos. As ONGs e *think tanks* com atuação na escala internacional articulam, de um lado, agências estadunidenses, e do outro, ONGs, *think tanks* e movimentos sociais de abrangência nacional. As principais lideranças nacionais transitam nas duas esferas, recebem recursos financeiros e treinamento, sendo que o treinamento pode ser no exterior ou no âmbito doméstico, sendo, neste caso, ministrado por lideranças de estatura internacional. No entorno dessas lideranças vão se criando redes, em cuja extremidade estão os simpatizantes (Korybko, 2018a).

O nível de instrução e de consciência dos planos varia de acordo com o nível em que se encontrem os indivíduos envolvidos. As lideranças e os quadros políticos recebem formação intelectual, organizativa e comunicativa. São as pessoas bem instruídas a promover a defesa da ideologia neoliberal e da hegemonia estadunidense, a formar e liderar uma estrutura em rede, e a usar técnicas modernas de comunicação. Os quadros e as lideranças trabalham de forma remunerada, porque, geralmente, estão vinculados diretamente a algum *think tank* ou movimento social. Esse é o nível que vincula a estrutura de guerra ideológica (Usaid, NED, *meta-think tanks* e ONGs com atuação global) ao próximo nível, o dos multiplicadores e colaboradores. Os multiplicadores e colaboradores são pessoas que, embora não sejam lideranças, envolvem-se na batalha ideológica ativamente, são militantes da causa: dedicam voluntariamente parte do seu dia à busca e ao compartilhamento de conteúdo. Abaixo desses estão os simpatizantes, pessoas que se identificam com a causa, mas que não são militantes, têm uma postura mais passiva, compartilham o que recebem mas não têm por hábito buscar ativamente conteúdo (Korybko, 2018a).

Finalmente, a estrutura da rede de uma revolução colorida mescla três tipos de formação: em cadeia, em estrela e multicanal. Uma rede em cadeia possui um comando centralizado; a versão estrela é compartimentada e pode constituir uma célula dentro de uma rede maior; e a rede multicanal satisfaz o modelo de "descentralização tática", que ocorre quando "os membros não têm que recorrer a uma hierarquia porque 'eles sabem o que têm que fazer'" (Korybko, 2018a, p. 52).

Na formação em cadeia, há uma hierarquia de comando e um nível desigual de informação. Na formação em estrela, uma pessoa interage com outras, sendo que essas outras não interagem entre si. Já na multicanal, todos interagem entre si, em uma relação aparentemente horizontal. A revolução colorida opera em uma estrutura multidimensional que combina essas três formações, de modo a ter uma estrutura centralizada e furtiva na qual a partir de um determinado nível inferior da hierarquia cada nó cria suas redes em estrela e multicanal. Assim, os membros que estão fora da rede em cadeia tendem a crer que são eles mesmos os protagonistas, dando assim um aspecto de que tudo é decidido coletiva e espontaneamente (Korybko, 2018a).

Nesse sentido, uma vez que a ideologia é "o ponto de partida de todas as revoluções coloridas", a revolução colorida é fundamentalmente uma guerra ideológica. A ideologia "motiva segmentos simpatizantes da população a participar de manifestações tangíveis para exigir mudanças". Embora as decisões sigam um plano sistemático elaborado e discutido por poucos, a maioria dos simpatizantes "foi realmente induzida a crer que suas ações são espontâneas e 'naturais'" (Korybko, 2018a, p. 115-116).

Uma vez montada, a estrutura permanece de prontidão à espera de um "acontecimento". Esse evento "deve ser controverso e polarizador (ou ao menos retratado dessa maneira) e liberar toda a energia acumulada do movimento. [...] É o 'chamado público' do movimento e gatilho da revolução colorida" (Korybko, 2018a, p. 125). Dentre a lista de acontecimentos com potencial de catalizador elaborada pelo autor, destacamos "aprovação (ou veto) de lei controversa" (Korybko, 2018a, p. 126).

Quando iniciada, a revolução colorida adota a tática "enxame e mente de colmeia". Essa tática consiste em induzir os militantes a promoverem ataques de maneira aparentemente caótica, embora direcionados especificamente a elementos que representem simbólica ou administrativamente o poder. É nesse momento que as mídias sociais assumem papel fundamental. A despeito de elas serem também importantes nos momentos antecedentes ao acontecimento, é a partir dele que elas se tornam centrais, quer no impulsionamento dos atos, quer na divulgação deles (Korybko, 2018a).

Se Korybko (2018a) sistematizou a preparação e a atuação geral das revoluções coloridas, Ieva Berzina (2014) elencou seu desenvolvimento a partir do momento em que elas entram em movimento, ou seja, após o que Korybko (2018a) denominou de "acontecimento". De acordo com Berzina (2014), as revoluções coloridas possuem cinco etapas: 1) protestos pacíficos massivos; 2) provocação e campanha para desacreditar o governo; 3) neutralização da capacidade de ação do governo; 4) caos político e social; e 5) tomada do poder. Para a analista, "a desestabilização da política interna pode levar a uma mudança de governo no interesse de atores geopolíticos mais influentes ou pode ficar presa em uma fase de caos social e político se o governo no poder não ceder" (Berzina, 2014, p. 12).*

É importante notar também que as revoluções coloridas possuem uma espécie de "manual de campo". Trata-se do livro *Da*

---

* Tradução do trecho "the destabilization of domestic policy may lead to a change of government in the interests of more influential geopolitical players or it can get stuck in a phase of social and political chaos if the government in power does not concede".

ditadura à democracia, do cientista político estadunidense Gene Sharp (Korybko, 2018a; Bandeira, 2013). Em 1983, Sharp (2010) criou o Programa sobre Ações Não Violentas, no Centro de Assuntos Internacionais de Harvard, e a Albert Einstein Institution, dedicada ao estudo e à promoção dos métodos não violentos de ação política (Meyssan, 2005).

No final dos anos 1980, Sharp começa a trabalhar com o coronel Robert Helvey, à época responsável pela formação dos adidos miliares. Foi por meio dele que Sharp estabeleceu relação com grupos anticomunistas em diversos países, como Taiwan, Tibete, Iugoslávia e Mianmar. Em 1989, Sharp foi a Beijing. Duas semanas após sua chegada, ocorreram os protestos da Praça Tiannamen. Percebendo a influência de Sharp no evento, as autoridades chinesas expulsaram-no rapidamente (Meyssan, 2005).

Antes de abordar os principais aspectos de *Da ditadura...* (Sharp, 2010), há que se observar que a obra foi idealizada e publicada durante a afirmação da hegemonia neoliberal, ideologia que tem como estratégia discursiva forjar uma identidade entre democracia e livre mercado, recuperando a tese do livro *O caminho da servidão* (1944), no qual Hayek (2010) defende que qualquer intervenção na economia é autoritarismo. Logo, a forma como Sharp mobiliza os conceitos ditadura e democracia partem desse pressuposto ideológico.

Da ditadura... é dedicado à luta não violenta, tipo de ação política que visa "levar a erros de julgamento e ação pelos ditadores" e que "é travada por armas psicológicas, sociais, econômicas e políticas aplicadas pela população e as instituições da sociedade" (Sharp, 2010, p. 23). Segundo Sharp, na luta não violenta, "os estrategistas devem escolher um tema cujo mérito será amplamente reconhecido e difícil de rejeitar" (2010, p. 41).

Ademais, o livro não contém nada que seja alheio à dinâmica social e política experimentada em Estados onde vigore a democracia liberal e o Estado de direito, mesmo onde esses fundamentos sejam bastante relativizados, como na América Latina.* Porém, em arranjos sócio-políticos não ocidentais, o livro pode reapresentar formas de luta política com as quais nem as autoridades nem a sociedade estejam familiarizados.

Foi o que aconteceu quando, no final da década de 1990, um grupo de jovens sérvios teve contato com ele.** Como anota o próprio Sharp, "entre 1993 e 2002 houve seis traduções. Entre 2003 e 2008 houve 22" (2010, p. 62). Para entender esse crescimento exponencial, é preciso analisar os eventos ocorridos na Iugoslávia em 2000, ano em que houve a Revolução Bulldozer.

Bulldozer, *a revolução "case de sucesso"*

Segundo a narrativa da mídia e dos governos do Ocidente, a Iugoslávia vivia sob uma tirania. Nada obstante, o governo de Slobodan Milosevic (1997-2000) estava longe de representar um regime autoritário. Os partidos políticos faziam suas manifestações massivas legalmente e a imprensa gozava de total liberdade para fazer cerrada oposição ao governo (Mackinnon, 2010).

Por outro lado, Usaid, NED, NDI, IRI e instituições privadas, como a Open Society Foundation (OSF) e a Freedom House, há muito operavam financiando ONGs e veículos de mídia e davam formação política para ativistas sérvios. O discurso de defesa dos direitos humanos, das liberdades individuais e da liberdade de imprensa era o biombo da guerra ideológica estadunidense (Fairbanks, 2004; Mackinnon, 2010), cujo investimento foi próximo a 64 milhões de dólares apenas em 2000 (Berzina, 2014).

Dentre os ativistas que receberam recursos e treinamento do sistema de guerra ideológica estadunidense, merecem destaque

---

* Ver "Sistema de justiça e neogolpismo" no capítulo "Neogolpismo".
** Formalmente, os jovens em questão eram iugoslavos, uma vez que a Iugoslávia só passaria a mudar de nome em 2003, passando a ser o Estado da Sérvia e Montenegro. No entanto, devido ao forte peso que possuem as nacionalidades na região, julguei por bem deixar claro que se trata de sérvios.

Srda Popovic e Ivan Marovic, alguns dos jovens sérvios a quem se referiu Sharp. Em 1998, eles criaram o movimento Otpor! (Resistência!, em sérvio), que se tornou o principal beneficiário dos recursos que Usaid, NED, OSF, Freedom House, NDI e IRI distribuíram à oposição sérvia. Assim, o Otpor! liderou a Revolução Bulldozer (29 de setembro a 5 de outubro de 2000), que culminou com a derrubada do governo Milosevic em 5 de outubro de 2000 (Mackinnon, 2010). Para acompanhar de perto o desdobramento dos eventos, em abril daquele ano desembarcara em Belgrado o coronel Kelvey, a quem Popovic se referia como "meu herói": "ele é o mestre Yoda de nossa ordem *Jedi*"[*] (Mackinnon, 2010, p. 64).

A Revolução Bulldozer resulta da comunhão de interesses e a afinidade ideológica entre, de um lado, segmentos iugoslavos e, de outro, burguesia e Estados ocidentais – EUA à proa. Foram forças domésticas que promoveram a Revolução Bulldozer, mas o fizeram com decisivo apoio externo. Aqui não cabe detalhar nem julgar as razões, mas o fato é que a condução política de Milosevic desagradava parte da população local. Para os Estados Unidos e seus aliados europeus, era interessante demover um aliado da Rússia, de modo a enfraquecê-la geopoliticamente. Assim, os EUA, se apoiando na oposição sérvia, puseram sua estrutura de guerra ideológica – Usaid, NED, NDI, IRI, *think tanks* e ONGs – para alimentar ainda mais a cizânia na Iugoslávia.

Em que pese a Revolução Bulldozer não ter iniciado um ciclo neoliberal na Iugoslávia e tampouco ter transformado Belgrado em um satélite de Washington, o evento propiciou enorme aprendizado, razão pela qual se buscou replicá-lo. A estrutura da guerra ideológica, então, viabilizou um intercâmbio entre os militantes de Otpor! e ativistas de outros países do antigo bloco socialista. É nesse contexto que ocorre o aumento do número de traduções disponíveis do livro *Da democracia...* Como citado, segundo o

---

[*] Tradução do trecho "'He's my hero', Popović said of Helvey. 'He is the Yoda master of our Jedi order.'".

próprio Sharp (2010), a partir de 2003, o número mais do que quadruplicou, passando de seis para 28. Esse é o ano em que ocorre a Revolução Rosa (Geórgia).

Revoluções coloridas na Geórgia, na Ucrânia e alhures

Em 2003, na Geórgia, um grupo de jovens militantes egressos do Liberty Institute criou o movimento Kmara! (Basta!, em georgiano). Em 2004, na Ucrânia, jovens que haviam trabalhado na OSF criaram o movimento Pora! (Está na hora!, em ucraniano). Esses coletivos desempenharam papel decisivo no que ficou conhecido, respectivamente, como Revolução Rosa (3 a 23 de novembro de 2003) e Revolução Laranja (22 de novembro de 2004 a 23 de janeiro de 2005). O Kmara! e o Pora! não apenas se inspiraram no Otpor! e dele receberam instrução. Tal qual o grupo sérvio, o georgiano e o ucraniano receberam apoio da Usaid, do NED, do IRI, do NDI e de ONGs e *think tanks* neoliberais, por meio de formação política e recursos financeiros (Mackinnon, 2010). Estima-se que a estrutura de guerra ideológica tenha desembolsado aproximadamente 500 mil dólares na Revolução Rosa e mais de 35 milhões de dólares na Revolução Laranja (Berzina, 2014).

A partir de então, movimentos de contestação semelhantes passaram a ser observados nas diversas latitudes. Recentemente, eventos ocorridos em alguns Estados têm sido classificados como revoluções coloridas (ou tentativas), entre os quais podemos elencar Hong Kong (Revolta dos Guarda-Chuvas, desde 2014) (Penido e Stedile, 2021), Ucrânia (Euromaidan, 2014) (Aguiar, 2014), Nicarágua (desde 2018) (Fuser, 2018).

Embora sejam eventos muito distintos entre si, há um *leitmotiv*: potências ocidentais exploraram/exploram uma divisão existente nesses Estados (ou territórios, no caso de Hong Kong) e forças endógenas, apoiadas desde o exterior, buscam desestabilizar governos que desagradam tanto esses segmentos domésticos quanto as forças ocidentais. Não temos aqui como detalhar cada um dos referidos processos, no entanto, é possível identificar linhas gerais presentes nos eventos classificados como revolução colorida.

Recapitulação e prévia

Antes de procedermos com a análise da crise brasileira especificamente, há que se recuperar alguns tópicos discutidos não só neste capítulo como também no anterior, de modo a evidenciar a relação entre pontos que podem parecer temas dispersos.

Nesse sentido, a primeira consideração a ser feita é que a crise brasileira interage dialeticamente com a disputa pelo poder global. Isso significa que, por um lado, há fatores de ordem internacional que concorreram para chegarmos aonde chegamos e que, por outro, o desenvolvimento dos eventos no Brasil reflete na disputa que ocorre na escala internacional. Não obstante, não se deve confundir essa interação dialética com uma interferência externa. Inclusive, como se verá à frente, em última instância, quem conduz a luta política são as forças endógenas, ainda que as forças da direita gozem do apoio das forças imperialistas.

Entre os aspectos da dimensão internacional da crise brasileira, podemos destacar o imperialismo e o neoliberalismo. Sendo o imperialismo uma forma de espoliar territórios periféricos do sistema capitalista em proveito dos territórios centrais e havendo constrangimentos – políticos, sobretudo, mas também jurídicos – às invasões militares, os Estados imperialistas passaram a buscar formas de interferir nos processos políticos dos Estados da periferia do sistema, de modo a contribuir que os governos desses países sejam ocupados por grupos que, por um lado, mantenham ou devolvam esses territórios à condição de fonte de acumulação dos países centrais e que, por outro, inviabilizem os projetos de inserção autônoma dos países periféricos na arena internacional.

Nesse sentido, a ideologia ocupa um lugar de relevo na estratégia imperialista. A ideologia desempenha papel central na construção do consentimento, quer em âmbito doméstico, quer em âmbito internacional. Não por acaso, os Estados Unidos construíram uma estrutura para travar a guerra ideológica, estrutura essa montada inicialmente para enfrentar a União Soviética durante a Guerra Fria e que foi fortalecida a partir de 1991.

Desde os anos finais da Guerra Fria, a ideologia propagada e defendida por essa estrutura de guerra ideológica é o neoliberalismo, que nos Estados periféricos funciona como aríete do imperialismo. Como se não bastasse o fato de que na periferia do sistema capitalista o neoliberalismo rebaixa o custo da força trabalho e entrega setores estratégicos a empresas estrangeiras, a defesa do neoliberalismo vem sempre associada à defesa da hegemonia dos Estados Unidos. Assim, não há coincidência entre a crise brasileira e a retomada da ofensiva tanto das forças neoliberais na América do Sul e da tentativa dos Estados Unidos em restabelecer o *status quo* anterior ao ciclo progressista, qual seja, uma região com governos submissos e alinhados à política de Washington. Dessa forma, podemos entender a guerra híbrida como um novo patamar da guerra ideológica.

Além disso, a guerra híbrida pode ser entendida também como o ápice dos ensinamentos de Sun Tzu, Maquiavel e Clausewitz, implícitos na doutrina estadunidense. Esses autores não mobilizaram o conceito de ideologia, inclusive, salvo no caso de Clausewitz, o termo nem fazia parte do vernáculo político da época dele. Apesar disso, eles tratam da importância que ganhar corações e mentes tem para as estratégias militares. Afinal, há um *leitmotiv* nessas obras: o sucesso da guerra depende de que se arregimente, no território a ser dominado, simpatizantes à causa do invasor. Tal lição ganhou caráter instrutivo na TC 18-01, quando o documento pontua que a intenção dessa "nova" modalidade de guerra é explorar as fragilidades da sociedade a ser dominada e apoiar grupos que estejam dispostos a contribuir para a realização dos objetivos estadunidenses; e que, ainda que os Estados Unidos possam potencializar essas fragilidades, eles não podem fabricá-las. Essa consideração é importante, porque desmonta as soluções fáceis de atribuir a crise a uma interferência externa.

Da mesma forma, também há que se evitar as leituras simplificadas de que tudo é consequência de decisões tomadas em escritórios ou gabinetes. Fosse assim, seria desnecessário montar uma estrutura de guerra ideológica, a qual se destinam vultosos aportes financeiros para formar quadros e militantes. Essa estrutura de guerra ideológica arregimenta pessoas que passam a ser militantes em favor de valores e visões de mundo que atentam contra seus próprios interesses de classe e que interditam a autonomia de seu país na arena internacional.

A revolução colorida seria então ao mesmo tempo o resultado da sistematização das táticas de guerra ideológica e a evolução dessas. Por meio da revolução colorida se consegue levar multidões às ruas para realizar um objetivo político-econômicos da burguesia nativa* e da burguesia imperialista e um objetivo estratégico dos Estados imperialistas. Entender isso, do meu ponto de vista, é fundamental para podermos analisar a crise brasileira, porque ela começa com a revolução colorida que ocorreu aqui, as manifestações de junho de 2013.

Junho de 2013: a revolução colorida brasileira

As manifestações de junho de 2013 figuram entre os principais eventos da política brasileira recente. Pela sua gênese, pelo seu simbolismo e, sobretudo, pelos seus resultados, aquelas manifestações inquietam analistas, provocam – e provocarão por muito tempo – intensos e acalorados debates.

---

* Optei por usar o termo "nativa" porque, do ponto de vista teórico, seria imprudente usar os termos "nacional" ou "interna", ainda que para o senso comum possa parecer que são o mesmo grupo. Como bem identifica Poulantzas, nos Estados dependentes há três tipos de burguesias: a compradora – que, por não possuir base de acumulação, atua como agente do capital imperialista; a nacional – que, por ter base de acumulação, possui maior autonomia em relação ao capital imperialista; e a burguesia interna – fração intermediária que, por ter base de acumulação própria mas depender de capital externo, possui relação oscilante em relação ao capital imperialista (Berringer, 2015).

Como será visto à frente,* desde a redemocratização, a presença ou ausência de manifestações populares contra os mandatários tem sido o fator decisivo para selar a sorte de presidentes sul-americanos quando seus mandatos são contestados. Historicamente, os dois principais gatilhos para as manifestações têm sido políticas econômicas neoliberais, por um lado, e corrupção e outros escândalos, por outro. O fato de nenhuma dessas variáveis estarem presentes em maio e junho de 2013 torna a causa daquelas manifestações algo intrigante.

Uma das dificuldades para analisar aqueles protestos deve-se à indisponibilidade de dados sobre os primeiros atos (Singer, 2013), que poderiam contribuir para identificar a mudança qualitativa dos manifestantes no que se refere as suas demandas, classe social, filiação ideológica etc. A maioria dos dados disponíveis são de poucas cidades e, mormente, de após o dia 17 de junho (Singer, 2013), quando os atos já haviam transitado da esquerda para a direita. Não obstante, uma pesquisa realizada no dia 20 entre os manifestantes em São Paulo, Rio de Janeiro, Belo Horizonte, Porto Alegre, Recife, Fortaleza, Salvador e Brasília indica uma predominância da classe média: 49% possuíam escolaridade intermediária e 43%, alta;** 56%, renda familiar entre dois e dez salários mínimos (SM) e não menos que 23%, renda superior a dez SM (Singer, 2013).

Nesse sentido, propondo explicações para o aumento das manifestações, alguns autores, como Fortes (2016) e Singer (2013), identificam uma crescente e até então silenciosa insatisfação na classe média, cuja manutenção do padrão de vida estava comprometida pela inflação de alguns itens de sua cesta de consumo. Mesmo, porém, assumindo o potencial crítico do que eles apontam, penso que o aumento do custo do padrão de vida é algo insuficiente para explicar por que a classe média resolveu se mobilizar naquele inverno. É o que nos mostra o Infográfico 1, que compila as variações da

---

* Ver "Manifestações populares e neogolpismo" no capítulo "Neogolpismo".
** Intermediária: Ensino Médio completo + superior incompleto; alta: superior completo ou mais.

cotação do dólar e do preço da gasolina – duas variáveis que, além de possuírem efeito difusor, ou seja, sua variação reflete indiretamente na economia como um todo, impactam diretamente o custo de vida da classe média – a partir de 2013 com a marcação de alguns dos principais fatos políticos do período.

Infográfico 1: Dólar e gasolina nas conjunturas pré e pós manifestações de junho de 2013

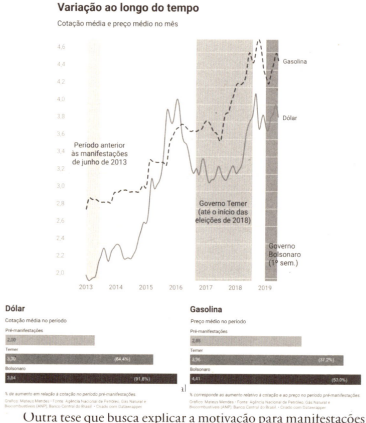

Outra tese que busca explicar a motivação para manifestações é que a "nova classe trabalhadora" – geração que, na esteira das políticas inclusivas dos governos petistas, saíra do subemprego ao qual seus pais haviam sido condenados – enfrentava dificuldades de se inserir no mercado (Singer, 2018). A essa tese se associa a da "inflação dos diplomas": a demanda por profissionais graduados não acompanhou a oferta gerada pela expansão do efetivo qualificado (Souza, 2016). Porém, em 2013, a taxa de desemprego desenhou a seguinte trajetória: entre janeiro e maio, subiu de 5,4% para 5,8%; teve seu pico em junho, 6,0%; e passou a declinar até fechar o ano em 4,3% (Globo [*G1*], 31.jan.2014). Em dezembro de 2017, já após a aprovação da reforma trabalhista, a taxa era de 11,8% (Cury e Brito, 2018). Embora sejam dados agregados, é presumível que entre os jovens recém-diplomados esse índice fosse ainda maior, dada a falta de experiência, quesito geralmente cobrado pelos contratantes.

Portanto, a insatisfação latente na classe média, o desemprego entre os "novos trabalhadores" e a inflação dos diplomas são insuficientes para explicar por que as manifestações se tornaram tão grandiosas. Ou então, por que não ocorreram novamente em 2017 e 2018, quando, por todos os ângulos, a situação era bem pior do que em 2013? Não pretendo negar seu potencial para gerar uma crise, mas penso que essas eram algumas das fragilidades internas que poderiam ser e foram exploradas para desestabilizar o Brasil.

Há ainda a tentativa de explicar junho de 2013 a partir de duas teses articuladas: foi a) um movimento repentino e espontâneo, b) em reação à violência excessiva com a qual a polícia reprimiu os atos do dia 13 – aqui chamada de "repentina e espontânea indignação solidária". No entanto, de acordo com levantamento feito pela *Folha de S.Paulo*, das 23 manifestações convocadas para o dia 17 – primeiro dia de protestos após o dia 13 – apenas duas tinham como mote a solidariedade aos manifestantes de São Paulo (*Folha de S.Paulo*, 17 jun. 2013, p. C4).

Essa narrativa pode ser percebida desde a direita até a esquerda. Antonio Prata disse que a "polícia criou 'metamanifestação' com violência" (*Folha de S.Paulo*, 17 jun. 2013, p. C4). Para o petista Singer (2013, p. 25), "o uso desmedido da força [em 13 de junho de 2013] atraiu a atenção e a simpatia do grande público [...] Agora outras frações da sociedade entram espontaneamente em cena". Finalmente, para Sabrina Fernandes (2019, p. 184), que se coloca à esquerda do PT, "o processo explodiu por conta da solidariedade contra a violência policial e da indignação coletiva".

À esquerda do PT, além da crença na tese da repentina espontaneidade e da indignação solidária, é comum encontrarmos uma visão idealista daqueles protestos. Como observa Fernandes (2019, p. 35), esses setores, entre os quais ela se inclui, esperavam que aqueles protestos fossem "um marco para um novo período de ascensão das massas". Eles consideram que 2013 foi "de fato um evento progressista" (Fernandes, 2019, p. 231), "foi competitivo e tanto a esquerda quanto a direita, em suas várias expressões, estavam em disputa para capturá-lo" (p. 94).

Para os que defendem essas teses, centenas de milhares de pessoas teriam decidido, repentina e espontaneamente, ir às ruas, porque teriam se indignado com a violência da repressão policial. Em que pesem cada um dos simpatizantes dessas teses apontar que havia outros elementos a se somar, a linha geral é essa: repentina espontaneidade e indignação solidária. De minha parte, discordo totalmente da primeira e entendo que a segunda há que ser relativizada.

Finalmente, há ainda a tese de que junho de 2013 não foi algo monolítico, como defendem Kátia Gerab Baggio (2016), Fernandes (2019), Fortes (2016), Singer (2013) e Souza (2016). Segundo essa linha, com a qual concordo no geral, aqueles protestos tanto podem ser divididos temporalmente quanto possuíram enorme pluralidade ideológica e social, especialmente a partir do dia 17. O ponto em que tenho contrariedade é que para esses autores, entre os dias 17 e 20 de junho, as ruas estavam "em disputa". O que eu entendo e pretendo demonstrar é que, para as esquerdas, as ruas já estavam "perdidas" desde o dia 17, inclusive porque o agigantamento dos atos daquele dia se deve a uma estratégia da direita.

Junho de 2013 iniciou com o reajuste das tarifas de transportes nas principais cidades do país. Há anos, quando do reajuste, o Movimento Passe Livre (MPL) promovia manifestações contrárias à medida. O MPL é um grupo de esquerda e os primeiros a atenderem as suas convocatórias eram da mesma linha ideológica. O MPL é um movimento suprapartidário e horizontal, ou seja, não está vinculado a qualquer partido, mas não repudia militantes de partidos políticos, não há lideranças "instituídas" e todas as decisões são tiradas em coletivo, em assembleias (Singer, 2018). Como esses protestos convocados inicialmente pela esquerda se tornaram o marco da ofensiva da direita é questão que intriga parte significativa dos analistas, entre os quais me incluo.

Singer (2018) e Souza (2016) propõem segmentações semelhantes que conciliam cronologia, temática, extensão e grau de heterogeneidade. Tomarei a segmentação proposta por Singer (2018) por ser mais específica, mas, reforço, ambas convergem nas linhas gerais. O autor divide as manifestações em três fases. A primeira – de 6 a 13 de junho, praticamente restrita à capital paulista, com manifestantes predominantemente de esquerda e contados na casa dos milhares – tinha como pauta a redução (ou não reajuste) das passagens dos transportes públicos. A segunda vai do dia 17 ao dia 20 de junho, com temática diversa: à redução das passagens foram sendo agregados o repúdio à violência policial, o questionamento aos gastos com a Copa da Fifa, o "não à PEC 37" e os "fora" Dilma, Cabral, Alckmin etc. Nessa fase, havia manifestantes de todas as orientações ideológicas e, sobretudo, eles estavam nas principais cidades do país, sendo contados, já no dia 17 de junho, na casa das centenas de milhares; no dia 20, totalizavam mais de 1,5 milhão de pessoas. Outras marcas importantes dessa fase, observadas em 17 de junho, foram a hostilização aos partidos políticos e sindicatos e a presença da bandeira nacional e da camisa da CBF. A terceira fase, de 24 a 28 de junho, é marcada pela fragmentação de temas e de iniciativas: vários grupos convocando atos diferentes por pautas distintas. Continuavam a ser atos massivos e espraiados, porém, bem menores que os da semana anterior.

Daí para frente, os protestos assumem uma dinâmica com a qual nem as lideranças políticas nem os analistas estavam habituados. O desenvolvimento político que seguiu às manifestações é tema do capítulo "Neogolpismo". Por ora, o foco restringe-se às primeiras duas fases propostas por Singer (2018).

Antes de passar à análise daqueles protestos, é importante registrar que um dos principais desafios dessa pesquisa foi caracterizar 2013 como uma revolução colorida, condição importante – mas não decisiva –[*] para considerar que houve no Brasil uma guerra híbrida. Nesse sentido, a primeira observação a ser feita é sobre a aplicabilidade do conceito guerra híbrida tal qual sistematizado por Korybko (2018a), uma vez que, no seu livro, ele afirma que uma revolução colorida é seguida por uma guerra não convencional e que nos dois casos verifica-se a ingerência dos Estados Unidos. Essas dúvidas são pertinentes, afinal não há (ainda?) elementos que permitam concluir que houve interferência de agências estadunidenses naqueles protestos, nem que a crise poderia ter evoluído para ações armadas. No entanto, em uma entrevista em 2018, o próprio Korybko (2018b) é taxativo: "há uma guerra híbrida muito intensa sendo travada no Brasil neste momento".

A possibilidade de considerar a crise brasileira um caso de guerra híbrida e os protestos de 2013 uma revolução colorida foi um dos assuntos tratados na entrevista que José Genoino me concedeu durante a pesquisa:

---

[*] Há autores, como Penido e Stedile (2021) e Korybko (2018b), que consideram ter havido uma guerra híbrida no Brasil, sem entrar em detalhes se 2013 foi ou não uma revolução colorida.

A guerra híbrida possui plasticidade, adaptabilidade. Há uma flexibilidade nos princípios. A experiência de guerra híbrida que ocorreu no Brasil é diferente do que aconteceu em países como Ucrânia e Líbia. No Brasil, o seu cerne foi a negação da política. Política no sentido de espaço do contraditório, do debate e do respeito às posições contrárias. A guerra híbrida atualiza a noção de inimigo. O oponente passa a ser tratado como inimigo, que é uma noção militar e não política, naquele sentido que eu falei. As manifestações de 2013 fizeram parte dessa guerra híbrida ao modo brasileiro.

Dessa forma, minha pesquisa buscou explicar esse "modo brasileiro" de revolução colorida. Nesse sentido, voltamos ao desafio da interferência estadunidense, desafio que mudou de grau quando trocamos "interferência" por "influência". Afinal, de fato, diferentemente dos casos sérvio, georgiano e ucraniano,* não há – ao menos até agora – fatos que vinculem inequivocamente o crescimento dos protestos a partir de 17 de junho de 2013 com uma ação dos Estados Unidos, quer por suas agências estatais ou por ONGs e *think tanks* que operam a guerra ideológica.

Nesse momento, quem indicou o caminho foi Ilton Freitas, autor que afirma, no livro *Guerra híbrida contra o Brazil* (2019), que houve uma revolução colorida no país. Quando lhe questionei sobre isso em entrevista, Freitas observou que "as articulações orgânicas com os impérios (britânico e estadunidense) por aqui, a meu juízo, são superiores e envolvem processos tradicionais de circulação de elites".**

Essa consideração nos remete novamente à discussão sobre hegemonia. Mais especificamente, à análise de Robert Cox. Como observa o autor, por um lado, as potências intermediárias recebem forte influência externa na economia e na política; por outro, a hegemonia "não se baseia apenas na regulação do conflito interessados, mas também numa sociedade civil concebida

---

* Houve duas revoluções coloridas na Ucrânia, a Laranja, em 2004/2005, e a Euromaidan, em 2013/2014.
** Entrevista realizada pelo autor.

globalmente, isto é, num modo de produção de extensão global que gera vínculos entre as classes sociais dos países nela incluídos" (Cox, 2007, p. 118). Enquanto na Eurásia essa sociedade civil é disputada entre os EUA e as potências globais lá localizadas (Rússia e China), no caso brasileiro não há contraponto, mesmo nos períodos de relativo afastamento e a busca por autonomia *vis-à-vis* os Estados Unidos. Independentemente da linha geral adotada pelo governo, no Brasil, as diversas frações da burguesia e as classes médias sempre manifestaram predileção pela política e pelos valores culturais estadunidenses.

Outro diferencial é o grau de ocidentalização que se observa no Brasil. Aqui estão presentes os fundamentos da democracia liberal, como o primado do direito, imprensa livre, liberdade confessional, ideológica e organizativa e eleições regulares e livres. Não custa relembrar que esses fundamentos não são, na prática, extensivos a toda sociedade, ou seja, para a maioria dos brasileiros esses valores e preceitos não passam de letra morta. A despeito de parte da sociedade viver sob o jugo da exceção e do golpe de 2016,[*] o fato é que, formalmente, no Brasil vige, desde 1988, uma democracia liberal.

É com base nessas premissas e no panorama apresentado que se deu o estudo acerca de 2013. Nessa etapa, a análise possui três enfoques: a disputa ideológica que já era travada antes das manifestações; o comportamento de dois dos principais veículos de comunicação da burguesia brasileira, a *Folha de S.Paulo* e *O Globo*; e a questão da internet e das redes sociais.

Conquistando corações e mentes: a guerra ideológica no Brasil

Como já foi dito por vários autores, ideologia é o conjunto ou sistema de ideias, valores e crenças cuja função é orientar a ação política, seja para transformar uma dada realidade ou correlação

---

[*] Ver "Sistema de justiça e neogolpismo" no capítulo "Neogolpismo".

de forças, seja para preservá-la (Eagleton, 2019; Heywood, 2010; Larrain, 2012; Stoppino, 2010). Terry Eagleton (2019, p. 46) apresenta uma definição de ideologia particularmente interessante para a presente pesquisa: "um campo discursivo no qual os poderes sociais que se autopromovem conflitam e colidem acerca de questões centrais para a reprodução do poder social como um todo". Ou seja, a ideologia propõe visões e conduções da política em todas as áreas, dentre as quais destacamos a economia e a política externa.

A guerra híbrida leva ao extremo a ideia de Tzu e Maquiavel de escorar-se nos elementos nacionais que podem auxiliar a conquista de um território por forças estrangeiras. Nesse sentido, a ideologia é fundamental. Ela arregimenta as pessoas que conduzem a revolução colorida. Por isso, esse item analisa como a direita brasileira vinha se estruturando para a disputa ideológica.

Como demonstrado, ideologia e cultura são aspectos sociais intimamente relacionados, como bem ilustra o fato de que a guerra ideológica travada a partir do fim da Segunda Guerra Mundial teve como subproduto a "Guerra Fria Cultural". A ascendência cultural estadunidense em nossa sociedade é facilmente percebida na música, no cinema e na televisão. Logo, há uma forte influência ideológica dos Estados Unidos em nossa sociedade.

Afora o aspecto cultural da guerra ideológica, no Brasil trava-se, desde a redemocratização, uma disputa de visões de sociedade, de formas de organizar a vida material. Esse embate estabeleceu-se nos anos que antecederam a Assembleia Nacional Constituinte (1987-1988).* Trata-se de uma batalha por corações e mentes para definir os rumos da sociedade e do Estado brasileiros.

---

* Frise-se que a disputa ideológica de forma ampla não se instala com a Constituinte, uma vez que, como dito, a disputa ideológica é inerente à vida política. No entanto, a partir da redemocratização, a disputa ideológica no Brasil assumiu os aspectos particulares que interessam à presente análise.

Para conquistar e manter sua hegemonia na sociedade, a burguesia constitui aparelhos privados, cuja atribuição é travar a disputa ideológica, dentre os quais se destacam os *think tanks*, "instituições permanentes de pesquisa e/ou divulgação de ideias que procuram informar e influenciar instâncias governamentais e a opinião pública no que tange à adoção de determinadas políticas públicas" (Rocha, 2017, p. 6). Camila Rocha (2018) e Flávio Casimiro (2018) analisaram os *think tanks* pelos quais a burguesia brasileira operou para defender seus interesses desde a redemocratização e identificam três movimentos relacionados a eles. Dos anos 1980 até 1995, os *think tanks* neoliberais tiveram um crescimento quantitativo e geográfico. Porém, a eleição de Fernando Henrique Cardoso (FHC) foi lida como uma vitória final. A reeleição do tucano fortaleceu essa ilusão. Como resultado, houve um refluxo na batalha ideológica e o empresariado reduziu seu investimento nessas instituições. Esse movimento estendeu-se até 2006, quando ocorreu a reorganização da direita para travar a batalha ideológica a partir da percepção de que Lula seria reeleito.

A esquerda de um modo geral, e o PT especificamente, cometeram o mesmo equívoco de, uma vez no governo, abdicar de travar a disputa ideológica na sociedade. Nas palavras de José Genoino, o partido errou ao não travar a disputa ideológica, renunciando, assim, à luta pela hegemonia na sociedade:

> De certa forma, havíamos aberto mão de disputar as ruas. O partido caminhou para um institucionalismo exacerbado. Claro que tínhamos que disputar e ocupar as instituições, mas a gente se acomodou. Era necessário disputar o imaginário, ir além do 'é o que dá para fazer'. Mas não: a gente se acomodou e não percebeu as mudanças. Paramos de trabalhar com a noção de conflito e passamos a operar na noção de consenso. Só levamos adiante o que haveria consenso. O que causaria conflito, a gente evitava.[*]

---

[*] Entrevista realizada pelo autor

Entre os *think tanks* do primeiro período, o principal – e a inspiração de quase todos os congêneres – é o Instituto Liberal (IL), fundado em 1983 e que articula os diversos segmentos da burguesia brasileira. A partir dos anos 1990, o IL passa a subscrever projetos formulados pelo Cipe e pelo NED. Dessa forma, o IL passa a constituir-se "como um veículo de articulação da burguesia brasileira em seus objetivos de internacionalização no quadro do capital-imperialismo" (Casimiro, 2018, p. 277).

A rearticulação da direita brasileira se deu, a partir de 2006, primeiramente no ambiente virtual, principalmente nos fóruns e comunidades do *Orkut* voltados para a divulgação e discussão do liberalismo e da produção de Olavo de Carvalho (Rocha, 2018). Essa agitação virtual resultou em uma "nova geração" de *think tanks* liberais, indo desde os neoliberais, como o Instituto Millenium (Imil), em 2006, até os ultraliberais, como o Instituto Mises Brasil (IMB), em 2007. Finalmente, merece destaque a fundação do Estudantes Pela Liberdade (EPL), em 2009. Esse *think tank* é a "versão" brasileira do Students For Liberty, grupo a partir do qual surgiu o Movimento Brasil Livre (MBL) (Casimiro, 2018; Rocha, 2018).

Todas essas instituições, mais o IL e outros *think tanks* de direita – Atlantos, Instituto de Estudos Empresariais (IEE), Instituto Liberal São Paulo (Ilips), Instituto Liberdade e Livres – são associados à Atlas Network[*] (Casimiro, 2018; Rocha, 2018), uma espécie de "*metathink tank*" (Amaral, 2015) que articula mais de 400 instituições congêneres em todo o mundo e que trabalha junto à Usaid e ao NED defendendo as teses liberais e os interesses dos Estados Unidos mundo afora (Fang, 2017). A Atlas possui um duplo papel na guerra ideológica. Por um lado, forma quadros em cursos e eventos; por outro, ela é uma espécie de gestora de fundos do capital internacional e imperialista para financiar a guerra ideológica. Por meio da Atlas, doações

---

[*] A lista completa de *think tanks* brasileiros associados à Atlas pode ser vista em Atlas Network (2022).

de corporações como ExxonMobil, Google, Indústrias Koch, Mastercard e Merrill Lynch (Atlas, 2018) chegam a instituições como o IL, IMB e o Imil (Amaral, 2015; Rocha, 2018).

Logicamente, os *think tanks* de direita brasileiros não recebem recursos materiais e intelectuais vindos exclusivamente do exterior, afinal, a burguesia nativa e seus intelectuais orgânicos participam ativamente dessa rede de *think tanks*. Para citar alguns representantes desses dois grupos, podemos elencar, respectivamente, Ambev, Globo, Gerdau, Itaú-Unibanco e Votorantim; Bolívar Lamounier, Demétrio Magnoli, Edmar Bacha, Ives Gandra Martins e Rubens Barbosa (Casimiro, 2018).*

Portanto, temos uma complexa trama que envolve atores empresariais e estatais articulados em escala internacional e nacional. Um *metathink tank* – Atlas Network – recebe instruções e financiamento de agências vinculadas ao Estado estadunidense – Usaid e NED. Esse mesmo *metathink tank* é financiado por algumas das maiores corporações internacionais. *Think tanks* em diversos países recebem recursos repassados tanto pela Atlas quanto pelas burguesias nativas. Toda essa rede é composta por lideranças políticas que, por sua vez, influenciam milhões de simpatizantes da causa liberal e da política externa dos Estados Unidos.

Tomemos como exemplo o caso do deputado estadual Fábio Ostermann (Novo-RS). Ostermann é um militante de expressão nacional dos ultraliberais que se articulam na tendência Livres, outrora abrigada no PSL e hoje no Novo. Ele fez cursos no exterior no Cato Institute e nas fundações Koch. Passou pelo IL e pelo IEE. Foi um dos fundadores do Ordem Livre, EPL – ligado à Atlas – e do MBL (Rocha, 2018). Lembremos que o Cato, a Atlas e as fundações Koch possuem relação com a Usaid e o NED; que os *think tanks* com atuação internacional recebem financiamento da burguesia imperialista; e que os *think*

---

* Para mais detalhes, ver Casimiro (2018), que apresenta extensa lista dos dois grupos citados.

tanks nacionais recebem recursos tanto da burguesia imperialista quanto da burguesia nativa. Essa rede, tendo Ostermann como elemento principal, está representada no Gráfico 3.

Gráfico 3 – Estrutura de guerra ideológica a partir das relações de Fábio Ostermann e Usaid-NED.

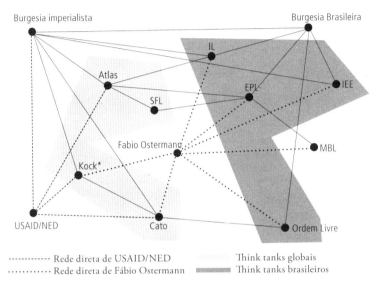

*Os bilionários Charles e David Koch tanto fazem parte da burguesia imperialista, sendo financiadores da Atlas e do Cato, quanto possuem suas próprias fundações voltadas para a defesa do liberalismo.
Elaboração própria. Fonte: Amaral (2015), Atlas (2018), Atlas (sítio eletrônico), Casimiro (2018), Fang (2017) e Rocha (2018).

Podemos depreender do Gráfico 3 que uma das principais lideranças do MBL – movimento importante na desestabilização do governo Dilma e no golpe de 2016 – possui ligações diretas e assumidas com três dos principais nós da rede de guerra ideológica imperialista – Atlas, Cato e Fundações Koch. Por seu turno, essas três instituições possuem relação direta com a Usaid e com o NED, duas peças centrais na estrutura governamental dos EUA para a guerra ideológica.

Há ainda um dado acerca de pessoas e instituições da estrutura de guerra ideológica dos Estados Unidos que merece ser destacado. Entre 2012 e 2013, a responsável pela divisão de América Latina e Caribe da Usaid foi a embaixadora Liliana Ayalde. Antes disso, ela participara da elaboração do Plano Colômbia (1999) (Department of State USA, 2017). Em junho de 2013, Ayalde foi designada embaixadora no Brasil (*Folha de S.Paulo*, 7 jun. 2013, p. A11).

Finalmente, há a questão da influência dos militares. A participação da caserna na crise brasileira vem sendo aos poucos desvelada. Ainda que esse tema seja tratado de forma mais detalhada no terceiro capítulo, é importante tratar já de dois aspectos da questão militar: a aproximação da caserna com aquele que viria a ser um dos "ideólogos" na nova direita, Olavo de Carvalho; e a visão dos militares quanto ao seu papel na arena internacional. Em janeiro de 1999, Carvalho defendeu que era "hora de repensar a Revolução (*sic*) de 1964" (Carvalho, 1999, p. 7). Em 31 de março, discursou no Clube Militar. Entre novembro de 2001 e maio de 2002, palestrou em três conferências ocorridas em espaços militares. De acordo com Leirner (2020), essas palestras foram o início dessa aproximação entre Carvalho e os militares e foi assim que ganhou força o "marxismo cultural" e a defesa do "politicamente incorreto".* Além disso, como citado anteriormente, a reorganização da direita teve como um dos eixos os fóruns virtuais sobre a obra de Carvalho (Rocha, 2018).

O segundo aspecto vincula-se à geopolítica. Desde o fim da Guerra Fria, mais especificamente a partir da I Conferência de Ministros de Defesa das Américas (CMDA), desde 1995, houve a revisão do papel das Forças Armadas na região. O corolário dessa mudança foi

---

* Em verdade, como observa Jason Stanley (2018), a expressão "marxismo cultural" fora cunhada pelos nazistas, e o responsável por trazê-la de volta à cena política foi David Horowitz, personagem que, nos Estados Unidos, combate a "ditadura do politicamente correto" e dissemina teorias da conspiração, o anti-intelectualismo e outras teses de extrema-direita desde os anos 1980. Portanto, podemos dizer que Carvalho é uma cópia de Horowitz.

uma hierarquização das Forças Armadas das Américas: enquanto aos militares estadunidenses – principalmente – e canadenses – subsidiariamente – caberia a defesa hemisférica, aos militares dos demais Estados – Brasil incluído – caberia combater crimes transnacionais, como o tráfico de drogas, ou seja, assuntos de segurança. Frise-se que, afora a denúncia, em 2010, por parte de Nelson Jobim, à época ministro da Defesa brasileiro, essa tentativa estadunidense de submeter toda a região aos seus objetivos geoestratégicos não gerou maiores debates, nem por parte dos militares brasileiros – que ao que tudo indica aceitaram o papel a eles incumbido – tampouco por parte dos governos petistas (Mathias, Zague e Santos, 2019).

É nesse quadro que eclodem as manifestações de junho de 2013, que começaram à esquerda e se tornaram o marco da retomada da iniciativa da direita. Para compreender essa transição, é oportuno analisar duas variáveis: o comportamento da mídia oligopolista e o uso político das redes sociais e dos algoritmos.

Folha de S.Paulo, O Globo e a *"indignação solidária"**

A mídia oligopolista tanto compõe os aparelhos de hegemonia da burguesia brasileira quanto é aliada da política externa dos Estados Unidos.** Nesse caso, a narrativa da *Folha de S.Paulo* e

---

*   As imagens das páginas de jornal que são descritas ao longo desta seção podem ser encontradas nos anexos da dissertação que foi a base desse livro (Souza, 2021, p. 169-214). Quem tiver ainda mais curiosidade sobre a cobertura da mídia oligopolista acerca dos eventos de 2013, pode buscar nos acervos virtuais da *Folha de S.Paulo* e de *O Globo*.

** Há vários exemplos para sustentar a existência dessa convergência, como as opções da *Folha de S.Paulo* e d'*O Globo* por chamar Maduro de ditador e de afirmar que a Venezuela vive sob uma ditadura; ou por não chamar de golpe o que aconteceu na Bolívia em novembro de 2019. Ademais, coincidentemente, nas mesmas edições pesquisadas para analisar a narrativa midiática sobre os protestos (Souza, 2021, p. 169-214), encontramos editoriais que mostram esse alinhamento, como o da *Folha de S.Paulo* (18 jun. 2013, p. A2) a respeito do Irã, e o d'*O Globo* (18 jun. 2013, p. 18), a respeito do Equador. Em todos esses casos, a abordagem desses jornais converge com o discurso emanado desde Washington.

de *O Globo* acerca dos protestos é importante para entender como as manifestações se agigantaram (Carvalho, 1999). As revoluções coloridas desestabilizam, porque levam milhares de pessoas às ruas contra o governo em meio a uma forjada espontaneidade. Nesse sentido, é importante observar como a *Folha de S.Paulo* e *O Globo* contribuíram para inflar os protestos e ajudaram a construir a farsa da espontânea e repentina indignação solidária.

Os primeiros protestos convocados pelo grupo foram nos dias 6, 10 e 11 de junho de 2013. Aqui é interessante observarmos que a *Folha de S.Paulo* e *O Globo* condenaram esses atos, exibindo fotos de depredações e incêndios, associando-os a termos como "vandalismo", "risco", "protesto" etc. No entanto, há que salientar que a *Folha de S.Paulo* deu muito mais atenção ao assunto, o que é compreensível, afinal, eram em São Paulo os maiores e mais perturbadores protestos.

No dia 13, estava marcada mais uma manifestação. Naquele dia, a *Folha de S.Paulo* exibiu na primeira página uma foto, de quase meia página, com um policial com a face ensanguentada, e seu editorial dizia que era "hora de retomar a paulista [...] de pôr um ponto final nisso" (*Folha de S.Paulo*, 13 jun. 2013, p. A2).

No dia 14, ambos os jornais começaram a mudar a narrativa. A *Folha de S.Paulo* trouxe na primeira página uma foto de um policial negro batendo com o cassetete nas costas de uma mulher branca. Em um país machista e racista como o Brasil, não se pode ignorar o potencial explosivo de uma imagem dessas exibidas nas bancas de jornais das principais cidades do país. *O Globo* trouxe um grupo de jovens brancos, agachados, sob a mira das espingardas de um grupo de policiais. Ao longo dos dois diários, repetiam-se imagens de jovens – em geral, jovens brancos – subjugados e manchetes associando a PM a termos como "violência" e "caos". No fim de semana e no dia 17 – data marcada para novas manifestações –, os jornais buscaram retratar os atos como um espaço de diversidade ao mesmo tempo que criticavam a violência policial.

A partir do dia 18, *Folha de S.Paulo* e *O Globo* passaram a enaltecer os atos em geral e criticar as depredações, frisando tratar-se de grupos minoritários. No "chapéu" das matérias d'*O Globo* sobre as manifestações, onde antes se lia "Tensão urbana", no dia 18 constava "um país que se mexe" e, a partir do dia 19, "o Brasil nas ruas". Ambos os jornais mostravam a bandeira nacional ganhando espaço, fato mais notório no jornal carioca, apesar de o paulistano fornecer a imagem que resume bem os interesses da burguesia nos atos: a sede da Fiesp passou a exibir a bandeira nacional. No dia 23, a primeira página de *O Globo* trazia dois jovens brancos, uma tem uma bandeira cobrindo o nariz e a boca enquanto segura outra flâmula esticada às suas costas; ao seu lado, o outro segura uma rosa.

Essa análise da cobertura midiática serve para iniciar a discussão sobre a tese de que a violência policial teria sido o estopim para o crescimento exponencial das manifestações. Como dito, esse argumento deve ser relativizado. Primeiramente, porque aquele não foi um ato isolado de violência policial, tanto que, em 2012, o Conselho de Direitos Humanos da ONU havia recomendado a extinção das polícias militares (*G1*, 30 de maio de 2012). Além do mais, depois de 2013, a repressão policial ficou ainda mais intensa, motivando, em 2017, a OEA e a ONU a se manifestarem. Se a recomendação de 2012 era genérica, a nota conjunta em 2017 condenava especificamente "o uso excessivo da força por parte da Polícia Militar para reprimir protestos e manifestações no Brasil".*

Por isso penso que a tese da indignação solidária deva ser relativizada. Não se trata de ignorar que a polícia foi violenta ou negar que algumas pessoas possam ter, genuinamente, ido ao ato do dia 17 por solidariedade e indignação. Defendo sua relativização, porque entendo que a violência policial *per se* teve menos

---

* ONU Direitos Humanos e CIDH condenam uso excessivo da força durante as manifestações sociais e durante operativos de segurança no Brasil (OEA, 26 de maio de 2017).

impacto no crescimento dos atos do que a cobertura que a mídia deu à repressão, o que aliás, é um comportamento que destoa do padrão da mídia oligopolista.

No meu entendimento, o crescimento exponencial dos protestos já ocorreu por influência da direita, no que a mídia oligopolista desempenhou papel decisivo, primeiro, clamando por violência, depois, condenando essa mesma violência e, finalmente, enaltecendo os protestos que já no dia 17 apontavam inequivocamente uma guinada à direita. Associada à manipulação midiática, há que se avaliar também outra variável: a internet e as redes sociais.

O papel da internet e das redes sociais na transformação de 2013

Autores que – como Fernandes (2019), Fortes (2016) e Singer (2013, 2018) – interpretam como repentino e espontâneo o crescimento exponencial das manifestações não consideram em suas análises a mobilização que os grupos de direita promoveram para o primeiro ato da segunda rodada das manifestações. Como observa Rocha (2018), desde 2006, na esteira da sua reorganização para a disputa ideológica, a direita vinha, por intermédio das redes sociais (Orkut e Facebook, principalmente), convocando manifestações. Essas iniciativas partiam principalmente da juventude ultraliberal, mas também de Marcello Reis, saudosista da ditadura e proprietário da comunidade "Revoltados Online".

A respeito de como os protestos de junho de 2013 estavam sendo percebidos pelos jovens ultraliberais, é interessante observar que, segundo Ostermann, uma liderança desse segmento, havia nessa juventude ultraliberal muitos que estavam interessados em sair das redes e partir para as ruas, e que ele e outros fundadores do MBL passaram a discutir o tema mais intensamente às vésperas do dia 17 de junho (Rocha, 2018).

Não me parece razoável que milhares de jovens liberais tenham decidido repentina, espontânea e simultaneamente engrossar manifestações de esquerda. Tampouco me parece plausível que eles tivessem sido motivados por indignação solidária para com as vítimas da polícia no dia 13 de junho. O tema não foi comentado em nenhum dos relatos das entrevistas que essas lideranças liberais concederam a Rocha (2018). Destaque-se ainda que entre as lideranças de direita que despontaram estão Marcello Reis (Revoltados Online), saudosista da ditadura, e Carla Zambelli (Nas Ruas), deputada da base de Bolsonaro e hoje casada com um policial bolsonarista.

Como já frisado, o momento-chave para entender a transformação qualitativa e quantitativa dos atos é o período entre as manifestações dos dias 13 e 17 de junho. Ao analisarem postagens no Facebook, Tiago Pimentel e Sérgio Amadeu da Silveira (2013) identificaram uma mudança no perfil político-ideológico das contas que faziam postagens sobre os atos nessa rede social. Até a chamada para os atos do dia 11, praticamente apenas os perfis do MPL, dos grandes veículos de comunicação e de "pessoas comuns" figuravam entre os que mais tratavam do assunto. As exceções ficavam por conta dos perfis Por Trás da Mídia Mundial (de extrema-direita), Movimento Contra a Corrupção e Anonymous Brasil. Nas horas que antecederam os atos do dia 13, incorporaram-se à lista Anonymous Rio, Anonymous BR e o Plano Anonymous Brasil. Finalmente, o engajamento para o dia 17 passou a incluir também Quero o Fim da Corrupção, Pedro Bial, Brasil Contra a Corrupção e O Gigante Acordou.

Há que considerar ainda que os perfis Anonymous – Anonymous Rio, Anonymous BR, Anonymous Brasil e o Plano Anonymous Brasil – possuem uma postura ideológica ambígua. Embora sejam considerados por muitos como anarquistas de esquerda, Kátia Gerab Baggio (2016) observou que, à época, esses perfis divulgaram um vídeo afirmando, ao som do Hino Nacional, que entre as reivindicações estavam a recusa à PEC 37 e que a corrupção fosse caracterizada como um crime hediondo.

Logo, no ambiente virtual, a direita já estava engajada nas manifestações antes mesmo de serem um fenômeno massivo, portanto, antes do período que alguns apontam como estando os atos "em disputa". Além disso, os perfis de direita ou de "postura ideológica ambígua" (Anonymous) não somente destacaram os atos em suas postagens como passaram a figurar entre os que mais davam visibilidade ao tema. Finalmente, esse aumento da visibilidade que os perfis de direita davam aos atos escalou entre nos dias após as manifestações do dia 13 e antes das do dia 17.

Não obstante, o uso político das redes sociais já vinha chamando a atenção fora do Brasil. O caso dos estrategistas da campanha de Barack Obama para a Presidência estadunidense nos ajuda a pensar. Eles perceberam, já em 2008, a utilidade do Facebook para perfilar o eleitorado e assim otimizar os esforços de propaganda de duas formas: direcionando a publicidade para eleitores mais suscetíveis ao convencimento e segmentando esse eleitorado em potencial para que cada grupo recebesse peças de campanha que dialogassem mais com seus interesses e suas idiossincrasias (Empoli, 2019).

Em 2012, a campanha de reeleição do democrata aprimorou essas técnicas psicométricas, agora incorporando a manipulação dos algoritmos. Por um lado, os perfis no Facebook forneciam as informações necessárias ao perfilamento. Por outro, o algoritmo fazia com que esse perfil fosse exposto a conteúdos que mobilizam seus sentimentos (Empoli, 2019).

Em um debate acerca da influência dos algoritmos do Google e do Facebook nas democracias, promovido pela Agência Pública, Eugênio Bucci observou: "quando uma pessoa conta as suas histórias mais íntimas e as histórias que mais a mobilizam emocionalmente, afetivamente, ela está inserindo dados e mais dados em um sistema que vai transformar aquilo em valor econômico" (Bucci *apud* Viana, 2018). É possível argumentar que isso também se aplica para a política: a posse de informações que atingem o emocional dos indivíduos possui valor político, pelo potencial de influenciar como a pessoa vai reagir a um evento.

Como observam Penido e Stedile (2021), em uma revolução colorida, as redes sociais assumem papel determinante. Através delas, o núcleo da revolução colorida tanto faz a propaganda de suas ideias quanto pode recrutar novos simpatizantes. Não há nenhuma surpresa neste aspecto. Ao contrário, seria surpreendente acreditar numa suposta neutralidade das redes sociais, afinal, por trás de sua aparência de 'liberdade' e 'anarquia', de suposta 'autogestão' ou 'nenhum controle', estão, na verdade, poucas empresas de tecnologia, todas sediadas nos Estados Unidos.

Finalmente, há um fato desconsiderado pela maioria dos analistas, inclusive, ausente em todos os trabalhos que analisei sobre junho de 2013. Às vésperas dos protestos do dia 17 de junho, circulou pelo Facebook uma mensagem que hoje chamaríamos de *fake news* na qual Jô Soares aconselhava os manifestantes a "usarem a bandeira brasileira como manto em volta do corpo, qualquer ato contra uma pessoa que esteja com a bandeira sobre o corpo é um ato contra a bandeira nacional. Isso é crime". Assim, a bandeira nacional e a camisa da seleção brasileira de futebol se tornariam símbolos do movimento que desestabilizaria o Brasil, promoveria o golpe de 2016 e culminaria na eleição de Bolsonaro, candidato com retórica nacionalista.

Facebook, 16 de junho de 2013 - *Fake News* **sobre o uso da bandeira nacional**

Vestibular da Depressão
Avisem a todos os manifestantes para usarem a bandeira brasileira como manto em volta do corpo, qualquer ato contra uma pessoa que esteja com a bandeira sobre o corpo é um ato contra a bandeira nacional. Isso é crime conforme o art. 44º do Decreto-lei nº 898, de 29 de setembro de 1969: "Destruir ou ultrajar a bandeira, emblemas ou símbolos nacionais, quando expostos em lugar público: Pena: detenção, de 2 a 4 anos."

"Os policiais provavelmente não vão respeitar isso devido ao péssimo treinamento e pouco amor à pátria. Isso vai fazer eles se atacarem, pois vão ser feitas fotos com policiais atirando contra a bandeira, atirando spray de pimenta e bombas. Mesmo se nesse momento a imprensa não ficar a favor, vai atrair a atenção da imprensa internacional. Não apenas pelo fato do ataque à bandeira, mas também porque os dever de policiais/bombeiros e médicos é servir a sua pátria tão amada. Compartilhem e repassem!

por Jô Soares

/Higor

Como observei em trabalho anterior,

> a escolha da camiseta da CBF diz muito sobre o golpe e os golpistas. Primeiramente, denuncia a predileção do privado ante o público, típico da ideologia neoliberal [...]. Em segundo lugar, demonstra um nacionalismo sazonal e oportunista. Sazonal porque só se manifesta a cada quatro anos nas Copas (masculinas). Oportunista porque muitos daqueles não perdem a oportunidade por demonstrar sua devoção às culturas estadunidense e europeia e ojeriza à cultura nacional. Oportunista, também, porque não vê nenhum problema na venda do patrimônio natural às companhias estrangeiras. (Souza, 2019)

Depois das manifestações de junho, as ruas do Brasil permaneceram agitadas. Ficava cada vez mais evidente que a direita assumira o protagonismo, especialmente a partir de 2015. Esse desenvolvimento será tema do capítulo "Neogolpismo". No entanto, há que se tratar de outro aspecto da guerra híbrida que foi marcante na crise brasileira, o *lawfare*.

Lawfare, Operação Lava Jato, geopolítica e guerra híbrida

Ivan Marovic, cofundador do Otpor! e uma das lideranças da Revolução Bulldozer (Iugoslávia, 2000), instruiu diversos militantes em técnicas de luta não violenta na Geórgia, na Ucrânia e alhures. À mesa em um café em Belgrado, em 2011, Marovic mostra um jogo de computador que ele criou. *A Force More Powerful*[*] é um simulador no qual o jogador lidera um grupo de oposição a um governo. Morovic explica como funciona o jogo: "A maldade do regime depende da inteligência artificial: como é que o computador imita o regime. Isso varia de cenário para

---

[*] A página do International Center on Nonviolent Conflit (ICNC), organização criada por Marovic e Popovic, não disponibiliza mais esse jogo, mas informa que ele ganhou uma continuação, *People Power: The Game of Civil Resistance*, que está disponível gratuitamente (ICNC, 2006). No entanto, o *A Force...* é vendido pela Amazon.

cenário. Se você quiser jogar num cenário fácil, recomendo lutar contra a corrupção" (O negócio da revolução, 2011).

De fato, desde o fim da Guerra Fria, o imperialismo estadunidense instrumentaliza a luta contra a corrupção para atingir seus objetivos geopolíticos e geoeconômicos (Boito Jr., 2019; Bratsis, 2017; Bréville e Lambert, 2019). Para tanto, apoia-se em duas leis e duas instituições. O Foreign Corruption Practice Act (FPCA) (1977) foi concebido para punir estadunidenses que praticassem corrupção no exterior e ganhou *status* internacional quando, inspirado nele, a Organização para Cooperação e Desenvolvimento Econômico (OCDE) editou a Convenção Antissuborno (1997), depois ratificada por diversos países, entre os quais o Brasil (2000) (Como a anticorrupção..., 2020a).

Já as instituições são a Seção de Integridade Pública do Departamento de Justiça (SIP-DOJ) e o Departamento de Segurança Interna (DHS, da sigla de Department of Homeland Security). A primeira investiga a corrupção de agentes públicos, e notabiliza-se por conduzir processos de forma pouco ortodoxas, como ocultar provas e depoimentos, e usar prisões preventivas para conseguir depoimentos que corroborem suas teses. O DHS articula 22 agências de informação e espionagem, entre elas a CIA e a National Security Agency (NSA) (Como a anticorrupção..., 2020a).

A internacionalização do espírito do FCPA e a criação do DHS relacionam-se com o recrudescimento do imperialismo estadunidense e com os desafios que sua hegemonia vem enfrentando. Washington usou os atentados de 11 de setembro de 2001 como pretexto para implementar um projeto de dominação global. Nesse sentido, na esteira dos atentados, editou o Ato Patriótico, que, escudando-se na relação entre a "lavagem de dinheiro" e o terrorismo, ampliou os poderes do FCPA, eliminando seus limites territoriais (Zanin, Martins e Valim, 2019). Além disso, uma vez que se atribuiu a vulnerabilidade àqueles atentados ao não compartilhamento de informações, foi criado o DHS para coordenar as agências de espionagem (Como a anticorrupção..., 2020a).

Não obstante, a aplicação do FCPA e as operações do DHS subsidiam ações que aumentem o poder global estadunidense. Como denunciou Edward Snowden, ex-agente da NSA, os programas de espionagem em massa dos Estados Unidos "nunca foram sobre o terrorismo: são sobre espionagem econômica, controle social e manipulação diplomática. Eles são sobre poder" (Souza, B., 2013). O DHS procura em governos e empresas que representem um obstáculo à hegemonia estadunidense fatos que permitam a aplicação do FCPA.

É nesse contexto que, em 2013, vem a público que a Petrobras fora espionada pela NSA (Kaz, 2013, p. 3) e que, em 2014, a Operação Lava Jato se inicia, com foco nas práticas de corrupção na referida empresa. A espionagem da estatal mais importante do Brasil é um dos elos entre a estratégia de poder estadunidense e a crise brasileira, sendo a exploração do pré-sal um elemento destacado no cálculo geopolítico.

Antes de partir para a análise do *lawfare*, é importante salientar que nesse tópico privilegiou-se sua dimensão geopolítica, uma vez que seus aspectos internos, seu *modus operandi*, fazem parte do capítulo "Neogolpismo".

Lawfare

De acordo com Freitas (2019), um dos aspectos da guerra híbrida no Brasil foi o uso do *lawfare*. Segundo Cristiano Zanin, Valeska Martins e Rafael Valim (2019, p. 26), "*lawfare* é o uso estratégico do Direito para fins de deslegitimar, prejudicar e aniquilar um inimigo" e tem a guerra híbrida como categoria contígua. O termo, cunhado em 1975, se popularizou a partir de 2001, quando, nos Estados Unidos, começou um debate a respeito. No início, *lawfare* referia-se ao uso do Direito Internacional para obstar as operações militares estadunidenses. No entanto, desde 2007, prevalece a acepção de *lawfare* como sucedâneo para as intervenções militares (Zanin, Martins e Valim, 2019).

O *lawfare* possui três dimensões estratégicas: geografia, armamento e externalidades. A operação deve observar a jurisdição na qual haja as maiores chances de sucesso, burlando assim o princípio do juiz natural. Armamento refere-se às normas com as quais se promove o ataque (Zanin, Martins e Valim, 2019). Observam os autores que as principais leis para a prática de *lawfare* são

> as anticorrupção, antiterrorismo e relativas à segurança nacional. Isso ocorre porque tais leis, em regra, veiculam conceitos vagos – manipuláveis facilmente –, ostentam violentas medidas cautelares e investigatórias e vulneram gravemente a imagem do inimigo. (Zanin, Martins e Valim, 2019, p. 38)

Finalmente, as externalidades incluem os mecanismos extralegais que auxiliam na consecução do objetivo político. Por meio de manipulação de informações, esses instrumentos, dentre os quais se destaca a mídia, trabalham para criar um ambiente favorável à perseguição jurídica (Zanin, Martins e Valim, 2019).

Cada uma das dimensões estratégicas possui um conjunto de táticas a ela vinculada. No caso da primeira dimensão, dentre as táticas listadas pelos autores, destacamos a parcialidade dos agentes do sistema de justiça – essa parcialidade deve considerar desde os promotores e juízes até a hierarquia recursal da jurisdição – e "a relação dos aplicadores do Direito de determinada região com agentes estrangeiros, notadamente no caso de *lawfare* geopolítico" (Zanin, Martins e Valim, 2019, p. 77).

No caso dos armamentos, destacamos o Estado de exceção ou "normas *ad hoc*". O voto do desembargador Rômulo Puzzollatti, do TRF-4, por ocasião do julgamento acerca das práticas heterodoxas do juiz Moro, ilustra bem não apenas a excepcionalidade da Lava Jato como também a parcialidade da cadeia recursal na qual a operação estava inserida. Para o desembargador, os processos e as investigações a ela vinculados "constituem caso inédito (único, excepcional) no direito brasileiro. Em tais condições, neles haverá situações inéditas, que escaparão ao regramento genérico, destinado aos casos comuns" (Pozzulatti *apud* Zanin; Martins; Valim, 2019, p. 93).

Com relação à terceira dimensão, destacamos a manipulação de pautas que possam facilitar a perseguição ao inimigo. Novamente, aqui se sobressai o combate à corrupção, uma vez que ele possui elevada "capacidade de agregar apoio tanto midiático quanto popular [...]. As leis anticorrupção e suas investigações criam verdadeiros espetáculos por meio da mídia que fragilizam os acusados e criam o cenário perfeito para o *lawfare*" (Zanin, Martins e Valim, 2019, p. 94).

Como bem indicam os autores, a Operação Lava Jato é um dos maiores exemplos de *lawfare* que se tem conhecimento (Zanin, Martins e Valim, 2019). Trataremos agora dos aspectos geopolíticos da Lava Jato, uma vez que a análise acerca de seus métodos e suas implicações na crise brasileira é tema do próximo capítulo.

Operação Lava Jato: lawfare e relações com os Estados Unidos

Nada justificava juridicamente a Operação Lava Jato ser em Curitiba. A cidade, porém, atendia às exigências da dimensão geográfica para o *lawfare*, porque a parcialidade dos agentes do sistema judiciário daquela circunscrição já era conhecida nos Estados Unidos desde o caso Banestado,[*] entre 2001 e 2004, quando o DHS forneceu informações para as investigações. Outro fato que vincula o caso à Lava Jato é que parte do elenco consta em ambos os casos: Youssef; Moro; os delegados federais Érika Marena e Márcio Anselmo; e os procuradores federais Carlos Fernando dos Santos Lima e Januário Paludo (Como a anticorrupção..., 2020b).

Em 2009, por iniciativa do Departamento de Justiça (DOJ) dos Estados Unidos, ocorreu no Rio de Janeiro o Projeto Pontes, como parte da estratégia de aumentar sua influência sobre os agentes dos sistemas de justiça hemisféricos e estimular sua

---

[*] Banestado era o Banco do Estado do Paraná. O caso Banestado diz respeito a operações ilegais que usavam o banco para recebimento de propina e evasão fiscal.

cooperação formal e informal. No seminário, Moro palestrou sobre "lavagem de dinheiro" e forças-tarefa proativas. Já Shari Villarosa, vice-coordenadora de Contraterrorismo do DOJ, elucidou a função geopolítica do evento ao elogiar a presença no sistema de justiça brasileiro de agentes dispostos a militar em sentido contrário ao governo eleito (Fernandes, 2020).

Em junho de 2013, Snowden denunciou que os EUA promoviam espionagem massiva (Barbosa, 2013). Em julho, descobre-se que o monitoramento incluía brasileiros (Greenwald, Kaz e Casado, 2013). Em setembro, dia 2, vem à tona que a presidenta Dilma fora espionada (Tardáguila e Gama, 2013). Dia 9, foi revelado que Petrobras fora monitorada e que, ao que tudo indica, o foco eram a tecnologia de extração em águas profundas e o inventário do pré-sal (Kaz, 2013). Em março de 2014, teve início a Lava Jato.

Durante a Operação Lava Jato, os procuradores brasileiros agiram em conluio com as autoridades estadunidenses e viam como arriscado que alguns casos passassem pelo Ministério da Justiça (MJ) ou pelo Itamaraty. A Lava Jato recorrentemente interagiu de forma ilegal com autoridades dos Estados Unidos, dentre as quais destaca-se a agente do FBI Leslie Backschies. Especialista em FPCA, ela chegou a ir ao MPF de Curitiba em 2015, sem a ciência do MJ, para se reunir com a força-tarefa da Lava Jato, ocasião na qual posou com o cartaz da campanha "Dez medidas contra a corrupção", encampada por agentes do MPF, tendo os procurados da força-tarefa à testa (Viana e Neves, 2020).

Finalmente, em 2017, no Atlantic Council, *think tank* cuja missão é "fortalecer a liderança e o envolvimento dos Estados Unidos no mundo, em parceria com aliados e parceiros, para moldar soluções para os desafios globais",* ocorreu a confe-

---

* Tradução do seguinte trecho: "the Atlantic Council is a nonpartisan organization that galvanizes US leadership and engagement in the world, in partnership with allies and partners, to shape solutions to global challenge." (Atlantic Council, 2019).

rência "Lessons from Brazil" [Lições do Brasil]. O discurso de Kenneth Blanco, adjunto do DOJ, expôs como a Lava Jato é um caso de *lawfare* e a que interesses parte do sistema de justiça brasileiro serviu – como ela ajudou a "moldar soluções para os desafios" estadunidenses. Sem qualquer constrangimento, Blanco relata como essa cooperação internacional produz provas ilegalmente; afirma que a Lava Jato é um exemplo de aplicação do FPCA e de cooperação entre o DOJ e um sistema de justiça estrangeiro, que é um modelo que deve ser replicado; e cita a condenação de Lula – ocorrida na antevéspera – como um caso de sucesso desses métodos e dessa interação (Atlantic Council, 2017).

Neogolpismo

> [Diante do Senado da República Galáctica, o Supremo Chanceler Palpatine faz um pronunciamento]
> Palpatine – Para garantir a segurança e a continuidade da estabilidade, esta República será reorganizada como o primeiro Império Galáctico.
> [Aplausos]
> Isso em nome da segurança da sociedade.
> [Mais aplausos]
> Padmé Amidala – Então é assim que a liberdade morre? Com um estrondoso aplauso.
>
> (*Star Wars*: Episódio III – A vingança dos Sith)

Este capítulo é dedicado à análise da crise brasileira a partir do conceito de neogolpismo. Nesse sentido, a primeira consideração a ser feita é que não entendo que o neogolpe brasileiro tenha sua resolução em 2016. Como disse na introdução, penso que a crise brasileira se estende até o presente, com três marcos: a revolução colorida (2013), quando se desestabilizou o governo Dilma; a primeira parte do neogolpe (2016), quando se interrompeu a experiência de governos de esquerda; e a segunda parte do neogolpe (2018), quando se operou para que a esquerda não ganhasse as eleições.

O termo "neogolpismo" surge da necessidade percebida por analistas para descrever a derrubada de alguns chefes de Estado na América Latina contemporânea. A partir da interrupção dos mandatos de Manuel Zelaya (Honduras, 2009) e Fernando Lugo (Paraguai, 2012), observou-se que se estava diante de um fenômeno novo. A derrubada de Dilma Rousseff (Brasil, 2016) fortaleceu essa percepção (Coelho e Mendes, 2020).

Apesar das singularidades de cada caso, esses processos possuem aspectos semelhantes e que os diferem de outros casos de instabilidade política na região. Historicamente, quando havia um desencontro entre o governo de turno e os interesses das burguesias latino-americanas, essas resolviam o impasse com um golpe de Estado. Nos três casos referidos, havia esse descompasso, porém, os militares permaneceram nos quartéis, dando a impressão de que não se tratava de um golpe. Houve analistas que, apegados à forma e ao "bom funcionamento das instituições", chancelaram como normais esses processos (Coelho e Mendes, 2020).

Para além da forma, na substância, os três casos não deixam dúvida: houve solução de continuidade no pacto democrático, uma vez que não se esperou terminar o mandato obtido por meio de sufrágio popular para inflectir radicalmente a condução política. Acontece que os eventos foram conduzidos não pelas Forças Armadas,[*] e sim por ocupantes de cargos nos Judiciários e no Parlamento. Trata-se, portanto, de uma nova modalidade de golpe de Estado, um neogolpe (Coelho e Mendes, 2020).

Se o conceito neogolpe surge da necessidade tanto de apontar que se trata de um golpe como de marcar suas diferenças em relação aos golpes "clássicos", o fenômeno neogolpe nasce da percepção das elites latino-americanas de que, na presente quadra histórica, não se aceitam golpes de Estado, quer porque a opinião pública doméstica e internacional recriminam (Coelho, 2016), quer porque há tratados internacionais que condicionam a participação e o usufruto dos seus benefícios ao respeito das partes às franquias democráticas (Serrano, 2016).

A partir de 2009, com a derrubada do presidente Manuel Zelaya em Honduras, o mundo viu-se diante de algo que fugia aos modelos de golpes de Estado tradicionalmente usados pelos analistas políticos. Em 2012, com a queda de Fernando Lugo no Paraguai em um processo igualmente controverso, alguns autores

---

[*] Não obstante a inconstitucionalidade do ato, os militares que, em 28 de junho de 2009, prenderam Zelaya o fizeram cumprindo um mandado de prisão expedido pela Suprema Corte de Honduras.

atentaram para o fato de que na América Latina desenvolvia-se um novo tipo de golpe, um "neogolpe", fenômeno e conceito analisado no presente capítulo.

Golpe de Estado

Coelho e Mendes (2020) fizeram um retrospecto sobre as transformações pelas quais o fenômeno golpe de Estado passou desde sua definição moderna, no século XVII. Ao longo do tempo, o golpe ajustou-se à realidade política e institucional de cada época. No Estado absolutista, era uma conspiração a envolver poucos indivíduos ligados ao monarca com o intento de obter mais poder. Já no Estado burguês, aumentou o número de conspiradores e surgiram os golpes promovidos contra o mandatário, ou seja, não mais como meio para manter ou aumentar o poder e sim para tomar o poder. Em todos os casos citados, o golpe é uma ação perpetrada por agentes do Estado, entre os quais se destacam os militares.

Ao longo do século XX, os golpes militares se tornaram a forma predominante do fenômeno (Barbé, 2010; Bianchi, 2019), a ponto de se estabelecer uma metonímia. Apesar do protagonismo explícito dos militares nos golpes que marcaram o século XX, ressalte-se que em qualquer golpe de Estado as Forças Armadas desempenham papel importante. Sua atuação pode ser aberta e direta, com a mobilização ostensiva de tropas e com os tanques nas ruas. Mas também pode ser discreta ou indireta, bastando que parte decisiva da cúpula militar se omita e nada faça para impedir o golpe (Barbé, 2010; Coelho e Mendes, 2020; Perissinoto, 2016).

Ainda que a superfície tenha passado por mudanças, o núcleo do fenômeno preservou-se: golpes de Estado são ações contrárias à lei comum e têm por objetivo interferir nas relações de poder, especialmente no que concerne à ocupação do Estado (Coelho e Mendes, 2020); são "basicamente o rompimento das regras do jogo sucessório" (Perissinoto, 2016, p. 2). Porém, os golpes não se restringem a ações criminosas, "não é a ilegalidade, a força ou a mudança do regime político que caracteriza o golpe, e sim o uso de recursos excepcionais por parte de uma fração do aparelho de Estado" (Bianchi, 2019, p. 59).

Álvaro Bianchi explica que golpe de Estado "é uma mudança institucional com vistas à redistribuição do poder político promovida sob a direção de uma fração do aparelho de Estado que, para tal, utiliza medidas e recursos excepcionais que não fazem parte das regras usuais do jogo político" (2019, p. 58). Podemos complementar essa definição com duas considerações feitas por Carlos Barbé (2010): um golpe pode ou não ser precedido, acompanhado ou seguido de mobilizações populares; e, na esteira do golpe, sói o reforço do aparato repressivo e a perseguição e, no limite, a eliminação dos grupos contrários ao projeto golpista ou aos golpistas.

Com vistas a contribuir para uma metodologia aplicada ao estudo do fenômeno, Renato Perissinoto (2016) explica que sua caracterização exige identificar os personagens e os meios. Golpes de Estado são operações realizadas desde o próprio Estado e, portanto, executados por agentes que estão na máquina estatal, podendo ser operados por parlamentares, juízes, promotores ou uma coalizão deles, com a participação ativa ou o silêncio cúmplice dos militares. Os meios para o desfecho de um golpe são: a força, o cerceamento institucional, o uso de coalizões políticas, a aplicação oportunista da lei ou uma combinação desses meios.

Percebe-se que inexiste novidade no fato de que os que executam um golpe buscam atualizar seus métodos e sua aparência. Como observa Fabrício Pereira da Silva, "se o golpe se metamorfoseou ao longo do tempo e foi nomeando fenômenos distintos, nada impede que essa transformação continue ocorrendo" (2019, p. 134).

A busca pela essência do fenômeno nos remete à análise feita por Karl Marx sobre o golpe de Napoleão III, na França de 1851. Esse golpe evidenciou que a "república burguesa representava o despotismo irrestrito de uma classe sobre outras classes", e que, sobretudo, ela "só pode representar a forma de revolução política da sociedade burguesa e não sua forma de vida conservadora" (Marx, 2011, p. 36), uma vez que os valores mobilizados pela burguesia durante o estabelecimento do governo constitucional tornam-se ameaças à nova ordem.

> Toda e qualquer reivindicação da mais elementar reforma financeira burguesa, do mais trivial liberalismo, do mais formal republicanismo, da mais banal democracia é simultaneamente punida como 'atentado contra a sociedade' e estigmatizada como 'socialismo'. (Marx, 2011, p. 37)

Instala-se assim uma contradição. A burguesia sabe que "a república de fato consumou o seu domínio político, mas ao mesmo tempo também minou a sua base social, porque passou a ter de confrontar-se e lutar diretamente com as classes subjugadas" (Marx, 2011, p. 62). Essa contradição encontra no controle democrático um dos principais pontos de tensão, uma vez que o sufrágio universal exige que o projeto burguês seja referendado pela maioria de tempos em tempos. Ou seja, os exploradores precisam persuadir os explorados para que esses deem a anuência para sua condição de subjugados, o que nem sempre ocorre.

Há também que se considerar que uma das funções do Estado no capitalismo é a "administração dos conflitos interelites" (Halliday, 2007, p. 93). Assim, podemos dizer que, no capitalismo, o golpe de Estado tem a função de reorganização política, social e econômica motivada por disputas entre as elites.

Para manter seu poder, a burguesia restringe as liberdades e os direitos civis e políticos, elimina – ainda que temporariamente – o sufrágio universal, revoga o desejo da maioria, fecha o Parlamento e intervém na Justiça. Porém, como o capitalismo explora a diferença entre os espaços, ele também apresenta soluções distintas para cada território. Nesse sentido, a resolução desse conflito na América Latina assumiu e assume feições específicas.

Como dito no primeiro capítulo, há uma relação entre imperialismo, capitalismo dependente e estabilidade política. Por meio de práticas imperialistas que transferem riqueza da periferia do sistema, onde vigora o capitalismo dependente, os Estados centrais custeiam parte do bem-estar social em seus territórios, o que favorece a estabilidade política em suas fronteiras. Assim, parte da instabilidade política da periferia deve-se ao fato de que o centro do sistema transfere parte do custo social da sua estabilidade para os Estados periféricos.

Também foi dito nesse capítulo que, historicamente, quando fica mais latente o desencontro entre os anseios da classe trabalhadora latino-americana e os desígnios do consórcio formado pelas burguesias nativas e imperialista, a solução encontrada costuma ser os golpes de Estado. No entanto, por razões domésticas e internacionais, as soluções golpistas aos moldes dos anos de Guerra Fria passaram a não ser mais bem aceitas. É nesse contexto que surge o neogolpismo.

Neogolpismo: contexto, definição e casos

A redemocratização da América Latina aconteceu concomitante ao ascenso da hegemonia neoliberal. Além disso, ela se deu nos anos finais da Guerra Fria. Naquele período, "democracia" constituía um elemento discursivo na luta ideológica que os Estados Unidos e seus aliados travavam contra o bloco socialista, em especial contra a União Soviética.

Como dito no primeiro capítulo, há uma disjuntiva entre os aspectos materiais e formais da democracia. Agora, é interessante complementar tal observação com considerações de Theotônio dos Santos (2020) e José Luís Fiori (2012b). Segundo Santos (2020), a ênfase dada pelo presidente estadunidense Jimmy Carter (1977-1981) à defesa dos direitos humanos camuflava os interesses político-econômicos dos EUA: eliminar do hemisfério o nacional-desenvolvimentismo, tido como obstáculo à globalização neoliberal que começava a ganhar força. Além disso, essa pauta funcionava "como um fator mobilizador, como um fator de justificativa ideológica, para a confrontação com os países socialistas e com os regimes do Terceiro Mundo que, em geral, não apresentavam formas organizativas do tipo liberal democrática" (Santos, 2020, p. 1.317). Esse processo foi importante para que se criasse a sinonímia entre neoliberalismo e democracia.

Porém, como observa Fiori (2012b), o neoliberalismo, especialmente na periferia do sistema capitalista, é incompatível com a democracia. Por razões estruturais do capitalismo e da economia dos países periféricos, esses Estados dependem da exportação de primários e da importação de industrializados. Nessas condições e com governos despreocupados com agendas sociais, costumeiramente recorre-se a políticas recessivas para equilibrar as contas. Ou seja, comprimem o mercado interno – leia-se "desemprego" – a fim de garantir a entrada de investimentos externos e divisas. A consecução desse plano exige reduzir a "vida democrática ao mínimo indispensável" (Fiori, 2012a, p. 81).

Outro aspecto marcante dos governos do primeiro ciclo neoliberal na região é, *grosso modo*, o alinhamento à política externa dos EUA, apesar de alguns pontos de atrito – como a denúncia unânime do golpe na Venezuela (2002), apoiado abertamente por Washington – e de busca por uma agenda com alguns matizes de autonomia – como a criação do Mercosul. Um fato que marcava esse alinhamento era a omissão diante da suspensão de Cuba da OEA. Houve também a autorização para abertura de bases militares dos EUA na Colômbia, no Equador, no Peru e na Venezuela. Em 2000, o Brasil chegou a fechar um acordo de arrendamento da base aérea de Alcântara (MA). Em 2003, no governo Lula, a iniciativa foi abortada.

O ciclo progressista emerge, em parte, da repulsa que a população teve diante desse quadro de crise socioeconômica no plano interno e de pouca assertividade na arena internacional. Já os neogolpes surgem devido a duas necessidades por parte das elites latino-americanas: restabelecer os padrões de acumulação dos anos 1980 e 1990, que, como já exposto, são pouco palatáveis ao eleitorado; e ajustar o golpe de Estado às limitações e aos constrangimentos não só da opinião pública doméstica e internacional, mas também dos regimes internacionais.

A primeira menção ao termo "neogolpismo" foi em um artigo de opinião assinado por Juan Gabriel Tokatlian (2009) no jornal argentino *Página 12* (12 de julho de 2009), logo após a derrubada de Manuel Zelaya, em Honduras (28 de junho de 2009). A deposição de Fernando Lugo (Paraguai, 2012) fortaleceu a percepção de que estávamos diante de um fenômeno novo. E, com a abreviação do mandato de Dilma Rousseff (Brasil, 2016), restou evidente que se tratava de algo sistêmico.

Apesar das especificidades locais, esses processos possuem aspectos que os assemelham entre si e que os diferem de outros casos de instabilidade política na região. Historicamente, quando insatisfeitas com a condução do governo, as classes dominantes regionais patrocinavam golpes de Estado, notadamente sua variante militar. Como dito anteriormente, o fato de não ter havido movimentação de tropas nos neogolpes em questão levou muitos analistas com uma visão (neo)institucionalista a considerarem que se tratou de processos normais (Coelho e Mendes, 2020).

Para além da aparência, em essência, nos três casos houve quebra do pacto democrático, pois não se esperou terminar o mandato obtido democraticamente para inflectir radicalmente a condução política. Não houve, porém, protagonismo das Forças Armadas, e sim de agentes no Judiciário e no Parlamento, com apoio da mídia oligopolista. Além disso, no caso brasileiro, o golpe de 2016 contou com o suporte de manifestações populares multitudinárias. Portanto, trata-se de um golpe, porém com novas feições, ou seja, um neogolpe (Coelho e Mendes, 2020).

Nos três casos, os ritos foram respeitados, porém, houve intepretações casuísticas das leis e a concorrência omissiva e/ou comissiva por parte de alguns agentes e instituições. O respeito ao formalismo que marca o neogolpismo se deve à pouca tolerância que a opinião pública doméstica e internacional atualmente tem quanto a regimes autoritários (Coelho, 2016) e à existência de tratados internacionais que exigem o respeito à ordem democrática (Serrano, 2016), como as cláusulas democráticas do Mercosul e da Organização dos Estados Americanos (OEA).

Como observa Perissinoto (2016), para caracterizar um (neo) golpe é mister identificar seus agentes. Nesse sentido, Fabrício Pereira da Silva (2019, p. 96) elenca como principais atores:

> os setores conservadores na política e no Judiciário (aparato de segurança incluído), sustentado pelos poderes fáticos da burguesia local [...], os setores religiosos conservadores e os grandes oligopólios de comunicação – com o (por enquanto) ainda difícil de comprovar, mas muito provável apoio de *think tanks* de direita internacionais e do governo dos Estados Unidos.

Ademais, esse tipo de golpe costuma ser descrito como "parlamentar", "jurídico", "midiático", entre outros, ou ainda por combinações desses adjetivos. Na prática, essas nomenclaturas expressam mais a ênfase dada por quem analisa do que o objeto em si (Chaloub e Lima, 2018), uma vez que essas dimensões podem ser calibradas, mas não dissociadas. Assim, usar o termo "neogolpe" apresenta três vantagens: a) deixa claro que é um golpe de Estado; b) frisa que é um golpe com novas feições; e c) aponta que se trata de uma operação articulada de várias instituições e sem o protagonismo dos militares (Coelho e Mendes, 2020).

Finalmente, a partir da redemocratização, as quedas dos presidentes latino-americanos ocorreram mediante a "interação dialética" entre as instituições e as ruas (Coelho, 2013). Entre as instituições cujo trabalho concorreram para os neogolpes em Honduras, Paraguai e Brasil figuram o Parlamento, o Judiciário e a mídia. Por isso, os próximos tópicos analisam os aspectos dessas quatro variáveis.

Parlamento e neogolpismo

Wanderley Guilherme dos Santos (2017) afirma que a deposição da presidenta Dilma Rousseff foi mais um dentre os golpes parlamentares que desafiam a democracia contemporânea, mais um dos "filhos bastardos" da democracia no século XXI. Para ele, a gênese desse tipo de golpe está no descompasso entre o poder *de facto* e os resultados eleitorais. Tendo seus interesses frustrados pelas urnas, as oligarquias e seus representantes no Congresso promovem o golpe parlamentar.

À conclusão semelhante chegaram Lorena Soler e Florencia Prego (2019) ao analisarem o que elas denominam de neogolpes hondurenho, paraguaio e brasileiro. Elas afirmam que, nos três casos, os governos enfrentaram dificuldades semelhantes: o apoio entre as classes dominantes e a capacidade de formar coalizões que lhes garantissem governabilidade representavam grandezas inversamente proporcionais. A razão disso é que, como a esquerda vinha ganhando os pleitos para o Executivo, os Legislativos tornaram-se "refúgios institucionais" para a direita se reorganizar e obstaculizar os governos de esquerda por meio da "ideologia parlamentarista".

Segundo Aníbal Pérez-Liñán (2007), as democracias latino-americanas, apesar de serem presidencialistas, vêm apresentando traços de parlamentarismo. Nesse sistema, quando um gabinete não possui maioria no Legislativo, essa Casa pode recorrer ao voto de desconfiança, e assim dissolver o gabinete e montar outro. Embora esse recurso inexista no presidencialismo, desde os anos 1990, diversos governos minoritários foram interrompidos. Nesses casos, o mecanismo usado tem sido o *impeachment*. Não obstante, para além do aspecto formal, como destaca o autor, a questão de fundo é que o impedimento presidencial se tornou o expediente para que as elites regionais promovam a solução de continuidade de governos que lhes desagradam.

Leonardo Valente Monteiro (2018) destaca o papel do Parlamento nesse movimento das elites para submeter o Executivo aos seus interesses. Para o autor, a condição minoritária figura na relação dos "requisitos conjunturais" para a execução e dos elementos necessários para o sucesso do neogolpe. O papel destacado do Legislativo no processo é uma das principais diferenças entre os golpes de hoje e os de outrora, razão pela qual uma das nomenclaturas mais comuns para os neogolpes é "golpe parlamentar".

Historicamente, em sistemas presidencialistas, do ponto de vista legal, cabe ao Parlamento julgar os atos do presidente da República, sendo o *impeachment* a pena máxima aplicada. Uma vez que o neogolpismo, como estratégia diversionista, zela pela aparência legal e pelo formalismo, a condução do golpe não poderia caber a outra instituição senão ao Parlamento. No entanto, o protagonismo do Parlamento só é possível com outras instituições desempenhando o papel de coadjuvantes, ou seja, não conseguiria dar seguimento ao neogolpe sem o apoio do Judiciário e da mídia.

Sistema de justiça e neogolpismo

Pedro Serrano (2016) explica que o Estado autoritário, que sobreviveu à constituição do Estado de direito e está sempre à espreita, necessita da figura do "inimigo", alguém a quem se possa negar a humanidade. Dessa forma, o inimigo fica desprotegido política e juridicamente de seus direitos fundamentais. O Estado de exceção opera elementos do Estado autoritário em um Estado de direito e possibilita que direitos e garantias sejam suspensos, sendo que essa suspensão é, por definição, temporária e direcionada.

Porém, "nos países de capitalismo tardio e periférico, como na maior parte da América Latina, há um Estado de exceção permanente (de fato), que convive com um Estado de direito permanente (formal)" (Serrano, 2016, p. 27). Essas modalidades vigoram em circunscrições e classes distintas. As classes médias e altas e os endereços privilegiados gozam do Estados de direito; enquanto as classes populares e as regiões periféricas estão sujeitas ao Estado de exceção.

O autor ratifica a relação já apresentada aqui entre a qualidade da democracia em um Estado e sua posição na estrutura do capitalismo internacional indicando três razões para tal:

> a) a presença de um Estado de exceção permanente que convive faticamente com uma democracia formal [...]; b) a necessidade de produção de atos formais advindos de um poder parcialmente dominado pela expressão do conservadorismo, a fim de combater a ascensão ao executivo dos governos de esquerda [...] e c) a forte influência da tradição jusfilosófica positivista analítica [...], cujo paradigma subjetivo-idealista (esquema sujeito-objeto) acabou, em nome da pureza metodológica, alargando os limites da discricionariedade judicial. (Serrano, 2016, p. 106-107)

A jurisdição de exceção foi chancelada pelo Judiciário nos recentes golpes ocorridos em Honduras, Paraguai e Brasil, como forma de interferência no processo político.

> Tal fenômeno ocorre quando ascendem na América Latina governantes de esquerda democrática e surge a necessidade de produção de atos formais para combatê-los. Esses atos formais são produzidos pelos poderes onde há espaço, no plano político, para a expressão do conservadorismo, ou seja, o legislativo e, na maior parte das vezes, o próprio judiciário. (Serrano, 2016, p. 110)

Já Rubens Casara (2018) entende que vivemos uma nova realidade do ponto de vista jurídico-político, denominada por ele de "Estado pós-democrático", no qual preservam-se os aspectos formais das instituições democráticas enquanto esvaziam-se os aspectos materiais da democracia, uma vez que esses representam risco à acumulação capitalista. Para tanto, o Estado pós-democrático exerce forte controle social, assumindo feições de Estado penal que neutraliza ou elimina os indesejados, quer por não "servirem" ("inaptos" à produção ou hipossuficientes para o consumo), quer por "resistirem à racionalidade neoliberal" (Casara, 2018, p. 54).

Em concordância com Serrano (2016), Casara (2018, p. 72-73) afirma que "para os 'oprimidos' e 'indesejáveis', o Estado Democrático de Direito nunca passou de uma aspiração". Porém, para ele, não há que se falar em Estado de exceção.

> É justamente a normalização da violação aos limites democráticos, o fato de ter se tornado regra, que caracteriza o Estado Pós-Democrático. Falar em 'normalização' ou 'regra' nesse contexto equivale a afirmar o desaparecimento dos limites democráticos. O que era exceção no Estado democrático torna-se a regra da pós-democracia.

Em que pese o profícuo debate jurídico ora apresentado, do ponto de vista político, interessa-nos a convergência entre os dois autores. Seja por atavismo seja por reminiscência, como defende Serrano (2016), seja por transformação, como advoga Casara (2018), a essência do fenômeno é a mesma: a burguesia instrumentaliza o Judiciário para conseguir (re)instituir um regime de acumulação que é incompatível com a democracia liberal. Nesse trabalho, o sistema judiciário opera em parceria com a mídia oligopolista.

Mídia e neogolpismo

Como variável política, a mídia precisa ser analisada a partir de duas óticas: político-institucional e político-econômica. Por um lado, ela tem as funções de informar a população e fiscalizar o Estado, atuando como uma espécie de "controle social". Por outro, em sua maioria, os meios de comunicação são empresas privadas e, portanto, visam maximizar o lucro a partir da venda do seu serviço, qual seja, a informação e a sua capacidade de atuação política (Fonseca, 2011). Por esse segundo aspecto, aqui o termo mídia se refere à mídia oligopolista, ou seja, aos veículos de comunicação ligados à burguesia nativa e ao imperialismo.

Mídia e comunicação são indispensáveis para a conquista e o exercício da hegemonia (Liguori e Voza, 2017; Martins, 2020), especialmente nas sociedades democráticas, uma vez que, nessas, a legitimidade política depende em grande medida da opinião pública (Feres Jr. e Sassara, 2016). Apesar disso, a maioria dos cientistas políticos negligencia a mídia e seus impactos nas relações de poder (Miguel, 2002, 2019).

Quer pela ótica da política ou dos negócios, a mídia não está sujeita à fiscalização. Diferente das demais atividades comerciais, na maioria dos Estados e na quase totalidade da América Latina, não há leis que regulamentem a prestação do serviço de informar e noticiar. Do ponto de vista institucional, a mídia, comumente chamada de "quarto poder", não possui contrapesos, como ocorre com os "outros" três poderes (Fonseca, 2011).

Adicionalmente, uma vez que não há homogeneidade na sociedade, inexiste uma democratização efetiva sem paridade de armas na produção, difusão e acesso à comunicação. A resultante da não pluralidade midiática é a imposição do silêncio aos dominados. Essa seletividade se relaciona com o aspecto empresarial da mídia. Observa-se nos meios de comunicação a mesma tendência monopolística que em outras áreas do capitalismo. A propensão à acumulação caminha paralela à de uniformização da informação (Miguel, 2002). "Todos os grandes órgãos de mídia compartilham de uma mesma visão de mundo, que inclui em especial o compromisso com a ordem capitalista", até porque "as empresas de mídia são em grande parte dependentes de outras grandes firmas capitalistas, suas anunciantes" (Miguel, 2002, p. 164).

Na América Latina, a atuação política da mídia é fator importante na estabilidade/instabilidade. Além das observações anteriores, cumpre destacar dois aspectos da mídia regional. Pérez-Liñán (2007) nota que o fortalecimento da sociedade civil ocorrido no período subsequente à redemocratização foi acompanhado de um jornalismo excessivamente agressivo. Além disso, a mídia regional tem apresentado uma crescente disposição em "mergulhar em políticas desonestas" (Pérez-Liñán, 2007, p. 68).

Não obstante, essas agressividade e desonestidade são direcionadas ideologicamente.

> Os veículos de massa se situam no centro das disputas pela hegemonia política e cultural, atuando em estreita associação com elites, corporações e partidos conservadores com o propósito de enfraquecer e desestabilizar governos comprometidos com a soberania nacional, a inclusão social, a proteção dos direitos humanos e a regulação da comunicação audiovisual. (Moraes, 2017, p. 16)

A respeito do papel da mídia nas crises políticas na região durante o ciclo progressista, é interessante trazer duas referências. O documentário *A revolução não será televisionada* (2003) expõe o trabalho militante e desonesto da mídia venezuelana no golpe de abril de 2002. A outra referência é uma fala de Maria Judith Brito, em 2010. À época executiva do grupo Folha (dono da *Folha de S.Paulo* e do portal *Uol*) e presidenta da Associação Nacional de Jornais (ANJ), Brito declarou que "esses meios de comunicação estão fazendo de fato a posição oposicionista deste país, já que a oposição está profundamente fragilizada" (Brito *apud* Araujo, 2010).

No neogolpismo, a violência explícita é coadjuvante do consenso construído pela mídia em favor do golpe (Silva, F. P., 2019). Esse trabalho pode ser constatado nos editoriais dos principais jornais hondurenhos, paraguaios e brasileiros, nos quais se identificam "regularidades temáticas e enunciativas", no sentido de legitimar o processo; apontar os presidentes como responsáveis pela crise; e, no pós-golpe, esboçar esperança com o futuro (Silva; Vidal; Almeida Jr., 2017).

Analisado o papel dessas três instituições – Parlamento, sistema de justiça e mídia –, podemos tratar da variável não institucional, as ruas.

Manifestações populares e neogolpismo

A relação entre as manifestações populares e o neogolpismo pode ser analisada com ênfase em três aspectos. O primeiro é a negligência da maior parte dos cientistas políticos brasileiros para com o assunto. O segundo é a relevância das ruas nas soluções das crises políticas pelas quais passa a América Latina desde a redemocratização. Finalmente, as manifestações como variável do neogolpismo.

Como bem observa Fabrício Pereira da Silva (2019), o colonialismo pelo qual passou a América Latina possui uma dimensão intelectual. Essa "colonialidade do saber" gera uma "dependência epistêmica". O autor defende que a concepção elitista e minimalista de democracia com a qual opera a maioria dos analistas deve ser superada. A produção da Ciência Política latino-americana – incluída aí a brasileira – é "hegemonizada por uma perspectiva analítica institucionalista e de viés liberal, ademais pouco afeita ao reconhecimento de que democracia é um significante em disputa, definido pelos conflitos sociais e simbólicos" (Silva, F. P., 2019, p. 10).

Porém, ainda que em minoria, há quem considera as ruas como variável analítica. É o caso de Kathryn Hochstetler (2007). Em estudo sobre as contestações e as quedas de presidentes na América do Sul entre os anos 1978 e 2003,* a autora elencou as "categorias participantes" desses processos – presidentes, legisladores e povo – e cruzou os dados sobre o desfecho das crises e o comportamento das ruas, conforme se pode ver na tabela a seguir.

Tabela 3 – Permanência ou queda de presidentes segundo as variáveis "manifestações populares" e "ação do Legislativo"

Desfecho	Total	Apenas manifestações populares Freq.	%	Apenas ações do Legislativo Freq.	%	Manifestações populares associadas a ações do Legislativo Freq.	%
Queda do presidente	12	5	41,7	0	0,0	7	58,3
Permanência do presidente	9	1	11,1	7	77,8	1	11,1

Elaboração própria a partir de Hochstetler (2007, p. 15).

---

* "A palavra 'contestação' envolve uma ação concreta no sentido de convencer o presidente a renunciar ou a deixar o cargo antes do fim do mandato" (Hochstetler, 2007, p. 11).

Percebe-se assim que a existência ou não de manifestações populares desempenhou "um papel central no sentido de determinar que presidentes realmente cairiam" (Hochstetler, 2007, p. 10). Por um lado, a ação parlamentar isolada mostrou-se uma operação completamente inócua. Por outro, não só toda vez em que houve solução de continuidade do mandato ela se deu com apoio popular como houve casos em que essa se deu a despeito do Parlamento.

Não obstante, não houve manifestações nem a favor nem contra as deposições de Zelaya, em Honduras, e de Lugo, no Paraguai. Em contrapartida, a deposição de Dilma Rousseff, no Brasil, teve nas manifestações populares um importante capítulo, uma vez que ambos os lados promoveram uma série de manifestações multitudinárias. Ademais, como se verá à frente, o movimento golpista mostrou contar com amplo apoio popular.

Casos de neogolpes

É oportuno começar essa seção tratando sobre a Bolívia, ou dito de outra forma, sobre a ausência da Bolívia. O trabalho a que me propus possuía alguns desafios inerentes à própria natureza de um estudo sobre um fenômeno ainda em curso, ou nas palavras do professor Igor Fuser na banca de qualificação desse trabalho. A necessidade de estabelecer alguma distância temporal impediu a abordagem do golpe ocorrido na Bolívia em novembro de 2019. Fato é que, enquanto nossa pesquisa era conduzida, houve (mais) um golpe em um país vizinho. Também é um fato que essa pesquisa não poderia deixar de dedicar ao caso algumas linhas, sob pena de incorrer em negligência.

Em que pese a controvérsia em torno da possibilidade de Evo Morales disputar um quarto mandato, em 2019, Morales foi reeleito. Porém, a partir da alegação de fraude – apurações depois comprovaram a lisura do escrutínio (Kurmanaev e Trigo, 2020) –, grupos de extrema-direita, com matizes de fundamentalismo religioso, promoveram um golpe de Estado (Fuser e Castro, 2020).

Após um ano sob regime golpista e com eleições adiadas por duas vezes, o povo foi às urnas em 18 de outubro de 2020. Ex-ministro da economia de Morales e candidato do Movimento ao Socialismo (MAS), Luís Arce saiu vitorioso. Arce recebeu 55,1% dos votos, contra 28,8% do ex-presidente Carlos Mesa, candidato neoliberal, e 14% de Luiz Fernando Camacho, também neoliberal, porém de extrema-direita e fundamentalista cristão.

Finalmente, conforme denunciou Morales, o golpe contou com a participação da diplomacia brasileira (Yapur, 2020). Posteriormente, Juan Carlos Núñez, presidente da Fundação Jubileo, ligada à direita católica, assumiu que participara de reuniões na embaixada brasileira em La Paz com Octavio Côrtes (embaixador brasileiro) e lideranças que promoveram o golpe (Morales, 2020). Frise-se que o envolvimento da diplomacia brasileira na conspiração só foi possível por conta de haver no Planalto um presidente de extrema-direita, cuja ascensão é tributária do neogolpe ocorrido no Brasil em 2016.

Feita essa observação, podemos analisar os casos de Honduras e Paraguai.

Honduras

A primeira consideração sobre o caso hondurenho é que o presidente Zelaya é um caso excepcional (Coelho, 2013, 2016) de estelionato eleitoral:[*] eleito em 2005 numa coalizão de centro-direita, seu governo foi aos poucos se afastando das políticas neoliberais e se aproximando do presidente venezuelano Hugo Chávez. Essa inflexão gerou tensões com os segmentos mais conservadores do país (Coelho, 2013; Soler e Prego, 2019).

---

[*] Quando um presidente implementa uma política econômica que é o contrário da orientação apresentada durante a campanha. Há diversos relatos desses casos na América Latina a partir dos anos 1980. Com exceção do cometido por Zelaya, todos seguiram o mesmo caminho: durante a campanha, promessas de políticas econômicas e sociais expansivas e inclusivas; no governo, ajustes neoliberais.

Os ânimos se acirraram quando, em março de 2009, o presidente anunciou a intenção de reformar a Constituição. Para tanto, convocou uma consulta popular a se realizar em 28 de junho, quando os hondurenhos deveriam dizer se concordavam ou não que na eleição próxima (novembro de 2009) pudesse haver também um plebiscito acerca da convocação de uma Assembleia Constituinte. A quatro dias da enquete, o Parlamento proibiu a convocação de plebiscitos por 180 dias, decisão ratificada pela Suprema Corte. Porém, Zelaya manteve sua posição e tomou as medidas necessárias para a realização da consulta. Na manhã em que o plebiscito deveria ser realizado, militares retiraram o presidente da residência oficial e o desterraram para a Costa Rica.

O Parlamento depôs o mandatário nacional e empossou em seu lugar o presidente da Casa, Roberto Micheletti. *Pari passu*, a Suprema Corte deferia um pedido do MP pela prisão de Zelaya. Nas duas casas, os ritos foram sumários e à revelia. Zelaya fora acusado pelo Legislativo e pelo MP de traição. Os pretextos da acusação eram sua insistência na consulta popular e a designação para sua realização do Instituto Nacional de Estatística, em vez do Tribunal Superior Eleitoral (Monteiro, 2018; Serrano, 2016; Soler; Prego, 2019).

Tal atitude denota o medo que a elite hondurenha tem da vontade popular e a truculência com a qual ela age. Zelaya não mudara a Constituição, nem convocara uma Assembleia Constituinte. O golpe foi dado porque o presidente queria perguntar ao povo se aceitava ou não que fosse feita uma consulta acerca da possibilidade de se convocar uma Assembleia Constituinte. A direita podia convencer a população a votar "não", e assim abortar o plebiscito sobre a Assembleia. Ainda que vencesse o "sim", ela poderia mobilizar o eleitorado para derrubar a convocação da Assembleia no plebiscito que decidiria se haveria ou não a Constituinte. Mesmo perdendo, poderia trabalhar para ter maioria na Assembleia e construir uma carta magna que atendesse ainda mais aos seus interesses. Mas não, a direita hondurenha optou pela solução golpista.

Note-se também que não há qualquer dosimetria entre os crimes atribuídos a Zelaya e as penas aplicadas, mesmo assumindo hipoteticamente que ele os cometera. Qual órgão realizaria o plebiscito é filigrana perto do desterro sumário de um presidente. Ressalte-se que o banimento não encontra acolhida constitucional em nenhum país onde vigore o Estado de direito.

Com relação à mídia, os principais veículos de comunicação se colocaram favoráveis ao golpe. Durante todo o governo Zelaya, eles fizeram uma campanha para desprestigiá-lo, inclusive espalhando mentiras (Almendares, 2009). Afirmaram que os poderes Judiciário e Legislativo haviam defendido a Constituição. Além disso, atribuíram a Zelaya a criação da crise sob argumento de que ele fora eleito por um partido de direita e governava como esquerdista; e negligenciava a ordem estabelecida no país (Silva; Vidal; Almeida Jr., 2017).

Rapidamente, o caso ganhou dimensões internacionais. A OEA e a ONU, diversos Estados da América Latina e de outras regiões denunciaram se tratar de um golpe. Em princípio, os EUA condenaram o golpe. No entanto, depois que Zelaya retornou clandestinamente a Tegucigalpa, se instalando na embaixada brasileira, Washington passou a defender o *status quo* pós-golpe e o término do mandato do presidente *de facto* Micheletti (Monteiro, 2018).

O calendário eleitoral seguiu como se não houvesse acontecido um golpe. Micheletti, o presidente *de facto*, apoiou o candidato Porfirio Lobo, que venceu o escrutínio e assumiu em 2010. Internamente, o governo Lobo foi marcado pela implementação de uma agenda neoliberal. Por um lado, suas propostas tiveram amplo respaldo pelo Parlamento e pela elite econômica. Por outro, encontraram enorme resistência dos movimentos sociais, que foram duramente reprimidos, sem que houvesse qualquer ponderação por parte do Judiciário (Cardoso, 2016).

Finalmente, a questão internacional. Em junho de 2009, portanto, poucos dias antes do golpe, desembarcou em Honduras John Dimitri Negroponte (Almendares, 2009), ex-assessor de inteligência na Guerra do Vietnã, ex-embaixador dos EUA e um dos coordenadores dos movimentos contrarrevolucionários da Nicarágua e de El Salvador (Marcetic, 2016). No que toca à política externa, desde o neogolpe, Honduras passou a ter uma agenda alinhada aos interesses dos EUA, como demonstram as iniciativas de Tegucigalpa em sair da Aliança Bolivariana para os Povos da Nossa América (Alba), em 2010, e de participar da fundação do Grupo de Lima, em 2017.

A deposição de Zelaya em Honduras foi o primeiro neogolpe. Três anos depois viria do Paraguai o segundo caso, com a derrubada de Lugo.

Paraguai

A principal característica do neogolpe no Paraguai foi sua extrema rapidez: do estopim da crise até a abertura do processo de *impeachment* foram cinco dias, e dali até a destituição do presidente Fernando Lugo, dois dias. Por mais de 60 anos, o *Palacio de los Lopes* havia sido ocupado pelo Partido Colorado, o que engloba a ditadura de Alfredo Stroessner (1954-1989) e o período democrático, tendo o partido ficado no poder entre 1989 e 2008. Nesse ínterim, a disputa política foi, na prática, transferida para o interior do partido. O controle colorado da presidência só foi interrompido na eleição de 2008, na qual Lugo saiu vitorioso (Coelho, 2013).

O governo Lugo foi um período de significativas realizações que beneficiaram milhões de paraguaios. Ele instituiu um sistema de saúde público, gratuito e universal, algo inovador para realidade paraguaia. Na área de educação, forneceu *laptops* para docentes e discentes do ensino médio. Conseguiu ainda que o Brasil triplicasse o valor da energia comprada da parcela paraguaia da hidrelétrica de Itaipu (Monteiro, 2018).

No entanto, foi também um período marcado por instabilidade. Durante todo o governo, Lugo esteve em posição minoritária no Congresso, o que o levou a promover constantes mudanças no quadro de ministros. Tal comportamento nem agradava seus aliados nem construía pontes com seus opositores. Em abril de 2011, a convenção do Partido Liberal Radical Autêntico (PLRA), partido do vice-presidente Federico Franco e principal agremiação da base governista, rechaçou qualquer possibilidade de apoiar a reeleição de Lugo e anunciou que teria candidato próprio ao pleito de 2013. Em novembro, Lugo concedeu uma entrevista na qual expôs publicamente suas diferenças com o PLRA e com Franco (Coelho, 2013).

Apesar disso, não foi no campo institucional que teve início a crise que abriu espaço para o neogolpe. O réquiem do governo Lugo foi o massacre de Curuguaty, ocorrido em 15 de junho de 2012. No início do mês, trabalhadores sem-terra ocuparam uma fazenda do ex-senador colorado Blas Riquelme. Alegavam que o título de posse da propriedade era falso – denúncia que se comprovou dias depois. Os conservadores passaram a atacar Lugo, alegando que ele incentivava iniciativas do gênero por parte dos movimentos sociais. No dia 15, forças policiais foram cumprir o mandado de reintegração de posse. A operação resultou na morte de 11 sem-terra e cinco policiais (Monteiro, 2018). Esse foi o pretexto para que os conservadores aumentassem sua pressão para interromper o governo Lugo, uma vez que as razões de fundo da crise envolveram o confronto com interesses oligárquicos (Soler e Prego, 2019).

No dia 20 de junho, o PLRA anunciou que estava abandonando o presidente. Ato contínuo, abriu-se o processo de *impeachment*. Menos de 48 horas depois, a votação expôs a fragilidade de Lugo no Parlamento: 76 votos a favor e apenas um contra. Ato contínuo, Franco, um neoliberal, assumiu a Presidência. Assim, chegava a termo a experiência paraguaia de um governo de esquerda (Coelho, 2013).

Do ponto de vista jurídico, por um lado, as acusações eram extremamente vagas e frágeis. No libelo, lê-se que o presidente fora inoperante, inábil e negligente em relação à crise de Curuguaty e que tais práticas, por serem de conhecimento público, prescindiam de comprovação (Soler e Prego, 2019). Por outro lado, quando instada a pronunciar-se sobre a matéria e assegurar o amplo direito de defesa do presidente da República, a Suprema Corte validou todo o rito e afirmou que as garantias constitucionais do presidente estavam sendo respeitadas, a despeito da exiguidade para a confrontação probatória (Serrano, 2016).

Novamente, a mídia oligopolista esteve a favor do golpe. Para o jornal *ABC Color*, o processo respeitara a legalidade e a institucionalidade e chegara a um "bom término". Para o futuro, o jornal nutria "otimismo" e "esperança" em relação ao governo de Federico Franco, que assumiu no lugar de Lugo (Silva; Vidal; Almeida Jr., 2017).

Na dimensão internacional, o neogolpe opôs os Estados sul-americanos e os Estados Unidos. Enquanto Washington reconheceu prontamente o novo governo, nenhum país na região reconheceu o governo de Franco. A Unasul, com base na sua cláusula democrática, suspendeu o Paraguai de seus fóruns deliberativos. Processo semelhante ocorreu no Mercosul, o que abriu caminho para que a Venezuela se tornasse membro pleno, uma vez que o que vinha postergando tal decisão era a protelação do Congresso paraguaio em ratificar o pleito de Caracas.

A normalização das relações com Assunção só foi restabelecida após a sucessão de Franco pelo também neoliberal Horacio Cartes, em 2013. Porém, a correlação de forças na região já havia sido alterada, uma vez que tanto Cartes (2013-2018) quanto Mario Benítez (2018 até o presente) vêm implementando uma política externa alinhada aos Estados Unidos, como bem demonstra a participação do Paraguai na fundação do Grupo de Lima.

Uma vez detalhado como opera o neogolpismo em geral e como se deram os neogolpes hondurenho e paraguaio, é hora de analisar o neogolpe brasileiro.

A sofisticação do neogolpismo* (I): apresentando as variáveis

Há três diferenças fundamentais do neogolpe que derrubou Dilma Rousseff em relação aos que derrubaram Zelaya e Lugo. A primeira refere-se ao tempo da operação. A contar da crise instalada à deposição do mandatário, o golpe hondurenho conta-se em semanas e o paraguaio, em dias. No caso do Brasil, a crise teve início três anos antes – com a revolução colorida de junho de 2013. Além disso, nos casos hondurenho e paraguaio, à esquerda e à direita, escolheu-se por travar a batalha tão somente no campo institucional, ao reverso do caso brasileiro, no qual ambos os lados mediram força nas ruas de todas as grandes cidades em sucessivas manifestações multitudinárias. Finalmente, os mecanismos que concorreram para a consecução do golpe continuaram em atividade até pelo menos a eleição de 2018 (Coelho e Mendes, 2020).

Monteiro (2018) enxerga um paralelismo entre o presente momento, no qual o neogolpismo se apresenta, e o princípio do ciclo autoritário dos anos 1960-1980. Segundo o autor, os golpes no Paraguai (1954), na Guatemala (1954) e na Argentina (1962) podem ser interpretados como experiência para a tendência que seria aberta com o golpe no Brasil (1964). Da mesma forma, os neogolpes hondurenho e paraguaio foram a preparação desse tipo de golpe.

Gabriel Vitullo e Fabrício Pereira da Silva (2020) fizeram uma pesquisa cujos resultados – compilados na Tabela 4 – reforçam a tese de que o neogolpe no Brasil pode ser considerado um aprimoramento em relação aos anteriores. Tendo como recorte temporal 2009 a 2018, eles levantaram a quantidade de estudos sobre o tema em 24 periódicos de Ciência Política e Relações Internacionais – 22 latinos, dentre os quais oito são brasileiros, e dois voltados à política latino-americana, mas que são editados fora da região –, quatro congressos da Associação Brasileira de Ciência Política (ABCP) e

---

* Tomei aqui emprestado o título de um artigo escrito com André Luiz Coelho (Coelho e Mendes, 2020).

cinco da Associação Latino-Americana de Ciência Política (Alacip). O resultado foi um universo de 16.773 documentos entre artigos, resenhas e trabalhos. Desses, apenas 214 (1,3%) dedicaram-se ao tema e outros 345 (2,1%) o mencionaram. Os autores consideraram tanto as produções que viram os casos hondurenho, paraguaio e brasileiro como golpe – "neogolpe", "golpe parlamentar", "golpe judiciário" etc. – quanto aqueles que consideraram que não foi golpe – "*impeachment*", "impedimento", "afastamento" etc.

Tabela 4 – Forma como as deposições de Zelaya, Lugo e Dilma foram tratadas

		Abordam diretamente							
		Honduras			Paraguai			Brasil		
		G	I	Σ	G	I	Σ	G	I	Σ
Revistas	Nacionais	5	2	7	6	3	9	16	13	29
	%	71,4	28,6	100	66,7	33,3	100	55,2	44,8	100
	Estrangeiras	29	3	32	16	5	21	1	9	10
	%	90,6	9,4	100	76,2	23,2	100	10	90	100
Congressos	ABCP	4	0	4	2	1	3	3	2	5
	%	100,0	0	100	66,7	33,3	100	60	40	100
	ALACIP	17	2	19	17	8	25	20	30	50
	%	89,5	10,5	100	68,	32	100	40	60	100
Total		55	7	62	41	17	58	40	54	94
	%	88,7%	11,3%	100%	70,7%	29,3%	100%	42,6%	57,4%	100%

		Mencionam							
		Honduras			Paraguai			Brasil		
		G	I	Σ	G	I	Σ	G	I	Σ
Revistas	Nacionais	2	1	3	0	1	1	5	25	30
	%	66,7	33,3	100	0	100	100	16,7	83,3	100
	Estrangeiras	52	3	55	27	12	39	9	23	32
	%	94,5	5,5	100	69,2	30,8	100	28,1	71,9	100
Congressos	ABCP	1	1	2	2	4	6	6	21	27
	%	50	50	100	33,3	66,7	100	22,2	77,8	100
	ALACIP	17	5	22	14	10	24	25	79	104
	%	77,3	22,7	100	58,3	41,7	100	24	76	100
Total		72	10	82	43	27	70	45	148	193
	%	87,8%	12,2%	100%	61,4%	38,6%	100%	23,3%	76,7%	100%

Nota: G = Golpe; I = *Impeachment*
Elaboração própria a partir de Vitullo e Pereira da Silva (2020)

A informação que mais chama atenção é que, acerca dos casos hondurenho e paraguaio, predomina a visão de que se tratou de um golpe, enquanto no caso brasileiro predomina a de que não foi um golpe. É importante lembrar que uma das razões que levou a desenvolver essa nova modalidade de *coup* foram os condicionantes impostos pela opinião pública doméstica e internacional (Coelho, 2016) e por tratados internacionais (Serrano, 2016). Portanto, os golpistas foram bem-sucedidos em fazer parecer que tudo transcorreu normalmente.

Isso posto, podemos proceder com a análise propriamente dita do neogolpe. A seção está subdivida em cinco partes: as ruas em movimento; o Parlamento; a luta contra a corrupção; o sistema de justiça; e a mídia. Frise-se que a variável Forças Armadas não foi analisada porquanto seu papel na crise começou a ser desvelado já na etapa final dos trabalhos que originaram esse livro.[*]

Manifestações populares e as consequências de 2013

A forma pela qual eclodiram as manifestações de junho de 2013 não tem paralelo na história regional. Como demonstrou Hochstetler (2007) em seu estudo sobre as contestações de presidentes na América do Sul, há três razões que levam a esse tipo de crise: 1) políticas econômicas neoliberais; 2) corrupção e outros escândalos; e 3) presidentes com minoria no Congresso. Apenas o presidente argentino Raúl Alfonsín (1983-1989)[**] enfrentou protestos sem que estivessem presentes as motivações citadas, enquanto nove dos casos de contestação com mobilizações ocorreram devido à implementação de políticas neoliberais.

---

[*] Ver introdução.
[**] Não cabe aqui analisar as razões que levaram à renúncia de Alfonsín, sendo apenas necessário pontuar que seu governo, o primeiro pós-ditadura, enfrentou uma série de dificuldades, principalmente emanadas desde as Forças Armadas (Coelho, 2013).

Em junho de 2013, a popularidade da presidenta às vésperas dos protestos era de 57% (Datafolha, 2013), o governo não implementava políticas neoliberais, tampouco havia escândalos de corrupção envolvendo a presidenta ou seu círculo imediato. Não obstante, as manifestações ocorreram e alteraram a correlação de forças na sociedade e nas instituições brasileiras.

Aqueles protestos alteraram o perfil das manifestações populares no Brasil desde os anos 1980. Até então, tais eventos eram hegemonizados pela esquerda. Essa inflexão ficou ainda mais evidente a partir de 2014, sendo que, em 2015, a direita passou a assumir a hegemonia das ruas (Pinto, 2019).

Foi em meio a esse quadro de "virada à direita" das ruas que se deu o processo eleitoral de 2014. As ruas ainda estavam agitadas, agora o principal mote dos protestos eram os gastos com a Copa do Mundo de Futebol – "Não vai ter Copa!". Como dito, o ano de 2015 marca a virada à direita das ruas. Dois fatos ajudam a entender esse giro. Do ponto de vista socioeconômico, o caráter elitista dos cinco grandes atos pró-*impeachment* – em 2015, 15 de março, 12 de abril, 16 de agosto e 13 de dezembro; em 2016, 13 de março – pode ser resumido em dois dados: em todos eles, mais de 75% dos participantes possuíam nível superior completo e mais de 60% tinham renda superior a 5 salários-mínimos (SM), sendo que mais de 40% ganhavam acima dos 10 SM (Cavalcante e Arias, 2019).

Ademais, a burguesia apoiou as manifestações golpistas antes mesmo da abertura do processo de impedimento. Em 2015, a Federação das Indústrias de São Paulo (Fiesp) lançou a campanha "Não vamos pagar o pato", cujo símbolo era o "pato amarelo" – bonecos infláveis, de vários tamanhos diferentes, sendo que, nos atos, sempre havia um com mais de 10 metros de altura. Aos manifestantes que ocupavam a avenida Paulista, a Fiesp franqueou seus banheiros – cujo acesso era controlado por Carla Zambelli (Tomaz Jr., 2016), à época líder do movimento Nas Ruas e hoje deputada federal pelo PSL-SP, partido pelo qual Bolsonaro se elegeu presidente – e ofereceu filé mignon para os manifestantes pró-*impeachment* (Agostine, 2016).

Voltando a 2014, mesmo com a ofensiva judicial – que será tratada adiante – e com demonstrações claras que a insatisfação com o governo crescia, a presidenta reelegeu-se. As condições desfavoráveis e a estreita margem com que Dilma Rousseff ganhara de Aécio Neves (PSDB) – menos de 3,5 milhões de votos, ou 3,2 p.p. – geraram enorme insatisfação na direita, tanto no plano institucional quanto no popular. Como observa Rocha (2018, p. 112),

> a energia das ruas acabou provocando o início de uma crise política que foi se agravando com o declínio da economia e com os desdobramentos da operação Lava Jato expostos diuturnamente na mídia. Mas foi apenas a partir da reeleição de Dilma Rousseff, em 2014, que a nova direita começou a se materializar de fato a partir do primeiro protesto pró-*impeachment*, organizado logo após o anúncio da vitória da petista.

O primeiro turno daquela eleição prenunciou um futuro muito difícil para o próximo governo. Tributário dos protestos de 2013 e 2014, emergiu das urnas o que até então tinha sido o Parlamento mais conservador desde 1964. Comparando os resultados de 2010 e de 2014, houve uma redução de quase 50% na bancada de sindicalistas (83 para 46). Do lado do capital, embora a bancada empresarial tenha reduzido (246 para 190), a ruralista cresceu (205 para 273). Além disso, a bancada da "bala"* dobrou (27 para 55) e a evangélica cresceu 30% (69 para 90) (Valor, 2015; Dip, 2015).

O Parlamento

As eleições de 2014 instalaram uma contradição institucional, com um Executivo de esquerda e um Legislativo de direita. Nessa situação, a tendência é que o presidente tenha dificuldade de construir sua base parlamentar, o que, por sua vez, sói redundar

---

* Parlamentares ligados à segurança pública ou apresentadores de programas policialescos.

em um conflito institucional que, historicamente, se resolve em desfavor do presidente (Coelho, 2013).

Já em fevereiro, quando da disputa para a presidência da Câmara dos Deputados, restou evidente não apenas que o governo era minoritário, o que prenunciava dificuldades para a governabilidade, mas também sua fragilidade em resistir a uma ofensiva vinda desde o Parlamento. O resultado do pleito foi: Eduardo Cunha (PMDB-RJ), 267 votos; Arlindo Chinaglia (PT-SP), candidato do Planalto, 136; Júlio Delgado (PSB-MG), 100; Chico Alencar (PSOL-RJ), oito. Meses depois, em abril de 2016, a abertura do processo de impedimento foi aprovada com 367 votos, o que equivale à soma de Cunha e Delgado (Coelho e Mendes, 2020).

A vitória de Cunha sobre um candidato indicado pelo Planalto deixou claro que a relação com o Parlamento seria complicada. Nem os acenos aos liberais arrefeceram as tensões. Eleita com uma plataforma inclusiva, Dilma substituiu na Fazenda Guido Mantega, um (neo)desenvolvimentista, por Joaquim Levy, um neoliberal cujas credenciais eram ter sido operador do sistema financeiro, e apresentou soluções ortodoxas para a crise econômica. Não obstante, o Congresso sabotava o governo com as "pautas-bomba", criando a situação inusitada na qual liberais não só votavam contra cortes de gastos, como também propunham aumento de despesas (Miguel, 2019; Singer, 2018).

Como observa Singer (2018), quando Dilma, ainda em 2011, decidiu pelo que ele chama de "ensaio republicano", sua relação com o PMDB ficou conturbada. Dilma buscou privilegiar mais o currículo do que as indicações para as nomeações. Assim, tentava eliminar o clientelismo enraizado no Estado brasileiro, para dar maior eficiência à máquina pública e desmontar esquemas de corrupção, o que ficou conhecido como "faxina ética". Porém, alguns dos principais beneficiados desse clientelismo era o grupo hegemônico do PMDB, cujo núcleo era composto pelo vice-presidente Michel Temer, Eduardo Cunha, Eliseu Padilha, Geddel Vieira Lima, Romero Jucá e Wellington Moreira Franco.

Há que se observar que enfrentar o clientelismo em geral, e o do PMDB em especial, era uma manobra com elevado grau de risco. Desde os anos 1980, o PMDB, com densa capilaridade pelo interior, é um dos maiores partidos do Brasil. Ademais, a base parlamentar do governo contava com outros partidos notadamente fisiológicos, como o PP e o PSD. Enfrentar esses interesses exigiria um esforço concentrado e, sobretudo, um capital político proporcional à força desses grupos no Parlamento. No entanto, essas condições estavam ausentes. No que toca ao esforço concentrado, o governo precisava administrar crises em várias frentes – crise econômica, protestos nas ruas, Lava Jato, tendência de piora dos indicadores sociais –; no que toca à articulação parlamentar, como já ficou evidente na eleição de Cunha, não havia margem para construir uma coalizão legislativa à altura do desafio (Singer, 2018).

Afora a eleição de Cunha, ao longo de 2015, foram-se acumulando as tensões com o PMDB como um todo, porque o partido passou a se apresentar como alternativa de direita para a solução da crise, fato materializado no Ponte para o Futuro. Lançado em outubro, o documento, de corte neoliberal (ou ultraliberal), repetia a cantilena de que "a Constituição não cabe no orçamento" e propunha a eliminação de direitos sociais e privatizações (Singer, 2018). O fato de o governo Rousseff ter feito um estelionato eleitoral não dissipava o desconforto que se gerara, afinal, era o partido do vice-presidente apresentando à sociedade um plano político-econômico que subscrevia o projeto de governo derrotado no ano anterior.

Finalmente, o rubicão foi cruzado em dezembro de 2015. Havia no Conselho de Ética da Câmara um processo pela cassação do mandato de Cunha. O deputado dependia da bancada petista no Conselho, que vinha sendo pressionada para não salvá-lo. Com efeito, no dia 2, à tarde, o PT anunciou que votaria pela continuidade do processo; à noite, Cunha acolheu um dos vários pedidos para abertura do processo de *impeachment* contra

Rousseff. No dia 7, com sua carta dizendo-se insatisfeito com sua condição de "vice decorativo", Temer formalizou o rompimento que já era evidente desde 1º de fevereiro, quando Cunha, um político de seu círculo próximo, lançou-se candidato a presidente da Câmara claramente em oposição à presidenta.

Já no dia 13 de dezembro, houve mais uma manifestação pró-*impeachment*. A saída de Dilma resultaria na condução de Temer, cujo já citado círculo íntimo era composto por políticos que se notabilizaram por serem fisiológicos e com largo histórico de denúncias de corrupção. Como já dito, parte do conflito entre Dilma e o PMDB girava em torno da intenção da presidenta em limitar a ação clientelista dos políticos ora citados. Mesmo assim, o discurso de luta contra a corrupção serviu de aglutinador para as manifestações golpistas.

A luta contra a corrupção

O discurso anticorrupção desempenhou – e desempenha – um papel central na crise política brasileira, tendo sido a principal palavra de ordem para a agitação social pró-golpe (Boito Jr., 2019; Cavalcante e Arias, 2019; Chalhoub, 2016; Pinto, 2019). Embora o pedido de *impeachment* de Dilma não a acusasse de praticar corrupção, foi a "luta contra a corrupção" o principal chamariz para as manifestações contra o governo. Nos dois maiores desses atos em São Paulo – 15 de março de 2015, 210 mil pessoas, e 13 de março de 2016, 500 mil –, o "combate à corrupção" era a justificativa de mais da metade dos manifestantes (56% e 58%), à frente inclusive do impedimento de Dilma (32% e 38%), não obstante ter sido esse o motivo "formal" dos atos (Cavalcante e Arias, 2019).

Nesse sentido, é importante retomarmos três considerações feitas anteriormente.[*] A direita foi exitosa em incutir na sociedade a ideia de que a corrupção é a uma prática ligada ao Estado, e

---

[*] Ver "Precedentes da crise orgânica brasileira: da redemocratização às manifestações de junho de 2013" no primeiro capítulo.

não ao mercado. Além disso, teve sucesso em construir duas equivalências antipódicas: esquerda/Estado forte/corrupção *vs.* luta contra a corrupção/Estado mínimo/direita. Finalmente, o tema "corrupção" possui forte apelo junto a setores médios da sociedade.

A essas três considerações assomam-se outras sete. O argumento de lutar contra a corrupção foi a base da ofensiva do sistema de justiça, por meio principalmente da Operação Lava Jato. Além disso, "há um elemento perverso" no combate à corrupção: conforme o governo cria e/ou fortalece mecanismos para esse fim, as operações e os processos tendem a aumentar. Dessa forma, o combate à corrupção pode ampliar a sensação da disseminação da própria corrupção (Serrano, 2015). A terceira consideração é que os escândalos de corrupção são mais frutos da cobertura midiática do que do delito. Um ato de corrupção que não ocupe o noticiário não se torna escândalo e, portanto, tem pouco ou nenhum impacto político (Feres Jr. e Sassara, 2016).

Em quarto lugar, a luta contra a corrupção foi uma das principais armas da "guerra midiática" contra o PT (Chalhoub, 2016). Além disso, ela vinculava os *fronts* sistema de justiça, mídia e ruas: as operações de combate à corrupção alimentaram o noticiário e mantiveram a classe média de direita mobilizada. Em sexto, a luta contra a corrupção é uma falácia usada pela classe média, uma vez que sua motivação para pedir a saída de Dilma da presidência foram seus interesses de classe (Boito Jr., 2019). Prova disso é que o caso de corrupção envolvendo o presidente Temer e a empresa JBS[*] não teve o condão de desestabilizar o governo neoliberal.

---

[*] O empresário Joesley Batista gravou uma conversa com o presidente Temer no Palácio do Jaburu. Nela, o empresário informa que estava pagando uma "mesada" para Lúcio Funaro, doleiro e operador do PMDB, e para Eduardo Cunha, ambos presos no âmbito da Lava Jato. Ao ouvir tal informação, Temer diz que "tem que manter isso aí, viu?". Além disso, o presidente designa o deputado Rodrigo Rocha Loures (PMDB-PR) como intermediário entre o partido e a JBS. Dias depois, Loures foi filmado recebendo 500 mil reais enviados por Joesley (Jardim, 2017, p. 3).

Lembremos que Dilma nunca foi acusada de participar de qualquer esquema pessoalmente.

Finalmente, há que se considerar que, nos anos 1980, o "principal representante [da luta contra a corrupção] entre os partidos políticos era [...] o PT, então apelidado por Leonel Brizola de 'UDN de macacão'" (Chaloub, 2019, p. 11). Esse discurso que transita entre a política e o moralismo ainda ecoa não só em setores do PT como na esquerda em geral.

O sistema de Justiça

O sistema de Justiça atuou de forma comissiva e omissiva em favor do golpe e da eleição de Jair Bolsonaro. A participação comissiva tem na Operação Lava Jato sua principal expressão. No entanto, há que se destacar também que houve omissão em relação aos atos "heterodoxos" (para dizer o mínimo) praticados não apenas no âmbito da Lava Jato.

A Lava Jato, que teve início em março de 2014, funcionou como um elo entre as ofensivas do sistema de Justiça, das ruas e da mídia. Além disso, desde o princípio, a operação trabalhou em sintonia com a dinâmica política, quer a das ruas ou a das instituições, e com os interesses da burguesia brasileira e imperialista.*

Responsável pala Lava Jato na primeira instância em Curitiba, o então juiz Sergio Moro se inspirou na operação italiana *Mani Pulite* (Mãos Limpas), que ele considera como "uma das mais exitosas cruzadas [!] judiciárias contra a corrupção" (Moro, 2004, p. 60), "um momento extraordinário da história contemporânea do Judiciário" por, entre outros, "redesenhar o quadro político italiano" (Moro, 2004, p. 57). Esse redesenho exigiu a deslegitimação do sistema, que, por sua vez, fortalecia a própria operação. Esse moto-perpétuo possuía dois suportes. Por um lado, a opinião pública servia de escudo para a operação. Por outro, a

---

* A relação da Lava Jato com o imperialismo foi abordada no primeiro capítulo.

mídia "garantiu o apoio da opinião pública às ações judiciais", afinal, "a publicidade tem objetivos legítimos e que não podem ser alcançados por outros meios" (Moro, 2004, p. 59). Além disso, Moro destaca que, na Mãos Limpas, "as prisões [preventivas], confissões e a publicidade conferida às informações obtidas geraram um círculo virtuoso" (2004, p. 59).

Um dos expedientes mais frequentes da Lava Jato são as delações premiadas. Uma vez que essas são obtidas por meio de prisões preventivas por tempo indeterminado, seus métodos podem ser considerados análogos à tortura. Como declara o ministro do STF Gilmar Mendes, "o uso da prisão preventiva para obter delação não encontra guarida no texto constitucional brasileiro. Pode até encontrar guarida no texto 'constitucional de Curitiba'. Mas usar prisão provisória para obter delação é tortura" (Fernandes, 2018). Porém, essa não foi a única prática ilegal ou heterodoxa de Moro e da Lava Jato e que contou com a cumplicidade do STF.

Moro possuía um histórico de excessos: decretar sucessivamente prisões preventivas; instruir investigações preliminares com duração excessiva a fim de perseguir indivíduos; monitorar advogados; agir de ofício, ou seja, sem ser motivado; atuar como agente de persecução penal, configurando-se como juiz acusador – figura que inexiste em nosso ordenamento. Embora tudo isso fosse conhecido oficialmente pelo STF desde 2006, a corte nada fez, nem quando seus atos não possuíam notoriedade, nem quando seus atos passaram a ter destaque na cobertura midiática. No entanto, no que concerne à Lava Jato, o ápice da conivência dos tribunais superiores para com as ilegalidades cometidas por Moro foi a omissão do STF quanto ao crime cometido por Moro ao divulgar uma conversa entre a presidenta Dilma e o ex-presidente Lula (Fernandes, 2020).

Além disso, segundo a "Vaza Jato", série de reportagens feitas a partir de vazamentos de mensagens privadas trocadas entre os procuradores e o então juiz Moro, as delações só interessavam se incriminassem alguma liderança petista, especialmente, o ex-

-presidente Lula, como foi o caso da delação de Leo Pinheiro, ex-presidente da construtora OAS. Em 2017, Pinheiro cumpria a segunda prisão preventiva e já havia apresentado várias versões diferentes para a delação, todas recusadas. Apenas quando o empresário apresentou a versão incriminando o ex-presidente, a delação foi aceita (*Folha de S.Paulo/The Intercept Brasil*, 2019). Essa delação foi a base para o que Serrano (2016) denomina de "produção de atos formais" para a interferência do Judiciário no processo político.

Não obstante, cumpre observar que parte do ferramental jurídico usado para derrubar Dilma e impedir o retorno do PT ao Planalto em 2018 foi fornecido pelos governos petistas, como as leis da ficha limpa (2010) e da delação premiada (2013). Ademais, as indicações de Lula e de Dilma para o STF e suas nomeações para o cargo de procurador-geral acabaram por fortalecer a posição golpista. Mesmo com a maioria tendo sido indicada pelos governos petistas, a Suprema Corte negou o pedido do governo para suspender a votação do *impeachment* na Câmara (Ramalho, 2016) e recusou o *habeas corpus* de Lula, o que significou autorizar sua prisão.

*A mídia**

Às vésperas da eleição presidencial de 2014, o historiador Sidney Chalhoub publicou uma carta aberta na qual afirma que, a pretexto de lutar contra a corrupção, a mídia oligopolista promove uma "guerra civil midiática em torno desta eleição, desinforma o quanto pode, confunde e manipula. São anos a fio de fogo cerrado contra o governo, em matérias jornalísticas cujos

---

* As imagens das páginas de jornal que são descritas ao longo desta seção podem ser encontradas nos anexos da dissertação (Mendes, 2021, p. 171-213) que foi a base desse livro. Quem tiver ainda mais curiosidade sobre a cobertura da mídia oligopolista acerca dos eventos de 2013 pode buscar nos acervos virtuais da *Folha de S.Paulo* e de *O Globo*.

autores assumem o ar arrogante de ilibados defensores da ética e do interesse público" (2016, p. 37).

Em 2015, apontada como principal problema do país por 22% da população, a corrupção ocupava o topo das preocupações dos brasileiros, à frente da saúde (17%), política (9%), segurança pública (8%), economia (6%) e educação (6%). A percepção dos brasileiros em relação à corrupção destoa dos nossos vizinhos: delinquência (23%), desemprego (16%), economia (8%) e corrupção (7%) (Latinobarómetro, 2015). Para Feres Jr. e Sassara (2016), a explicação desse quadro estava na exploração midiática da Operação Lava Jato.

Ademais, a mídia se engajou na campanha golpista. Em março de 2015, houve uma manifestação a favor e uma contra o governo. No dia 13, quando a esquerda foi às ruas, *O Globo* trazia na capa a manchete "Crime organizado tinha dinheiro na Suíça" e logo abaixo uma foto da presidenta Dilma – referente a outra matéria. No dia 14, a manchete de *O Globo* era "Manifestantes pró-Dilma vão às ruas em 24 estados". Já a da *Folha de S.Paulo* era "Atos defendem Dilma, mas criticam o governo". No dia 15, dia em que a direita foi às ruas, a manchete de *O Globo* era "Políticos investigados multiplicaram bens" e, em cima dela, a referência "Escândalos na Petrobras". Já a capa da *Folha* trazia uma chamada para o caderno especial "Democracia, 30" e uma foto das *Diretas, já!* (1984). Finalmente, no dia 16, ambos os jornais traziam várias fotos dos protestos. *O Globo* dizia "Democracia tem um novo 15 de março" – referência à posse de José Sarney (PMDB-MA), evento que simboliza o início da redemocratização –, enquanto a *Folha*, "'Fora, Dilma' reúne 210 mil em São Paulo e multidões no país".

O mesmo comportamento se observa nos últimos atos antes da votação do *impeachment* na Câmara (17 de abril de 2016). Em 13 de março, dia do ato contra o governo, *O Globo* trazia uma manchete central, "Empresas recusaram acordo de R$ 1 bi para se livrar da Lava-Jato", e uma secundária, "Manifestações devem tomar as ruas em 400 cidades". A capa da *Folha de S.Paulo* trazia uma foto de um grupo confeccionando faixas para o protesto. No dia seguinte, novamente ambos estampavam fotos de mais de meia página. *O Globo* dizia "Brasil vai às ruas contra Lula e Dilma e a favor de Moro"; acima, lê-se: "Maior manifestação da história". Já a *Folha* dizia "Ato anti-Dilma é o maior da história". No dia 18, quando ocorreram as manifestações pró-governo, a manchete do jornal carioca era "Judiciário repudia ofensas e suspende manobra de Lula" e a do jornal paulistano era "Reações em série ampliam isolamento de Dilma e Lula". No dia seguinte aos atos, pela primeira vez, os jornais trouxeram fotos de mais de meia página das manifestações de esquerda. *O Globo* dizia que "Aliados de Dilma e Lula fazem atos em todos os estados" e a *Folha*, "Ato pró-governo reúne 95 mil na Paulista, calcula o Datafolha".

Sem embargo, o engajamento da mídia oligopolista na campanha golpista não se deveu a uma aversão ao PT. A questão de fundo da "guerra midiática" era ideológica e classista: os grandes veículos de comunicação defendem as pautas neoliberais porquanto seus interesses são os da burguesia. Em conjunto, investiram contra os direitos sociais desde a Constituinte (1987-1988). Também agiram e agem em uníssono no patrocínio da agenda neoliberal que vem sendo imposta desde a deposição de Dilma, como bem demonstram editoriais de *O Globo* e *Folha de S.Paulo*.

As duas principais matérias da agenda neoliberal durante o governo Temer foram a EC 95 ("Teto dos Gastos") e a reforma trabalhista. Sobre a primeira, a *Folha de S.Paulo* publicou o editorial *Piso para o Futuro* (10 de outubro de 2016): "a proposta que impõe um teto ao crescimento do gasto público é essencial para que a economia brasileira volte a crescer de forma sustentável". (É inevitável observar que, a despeito do avanço da pauta neoliberal promovido pelos governos Temer e Bolsonaro, ainda se espera esse tal crescimento sustentável.) Já *O Globo*, no editorial *Teto dos gastos é o marco zero de reformas* (18 de junho de 2016), afirma que:

> O problema [dos gastos] se agravou devido ao populismo lulopetista, mas a tendência de gastos crescentes foi semeada pela Constituinte de 87. [...] Inoculou-se a ideia de um Estado por sobre a sociedade, responsável por resolver todos os males sociais. Resultou um total de despesas que não cabe no PIB. [...] As despesas sob o rótulo 'social' [...] precisam passar por um pente-fino. Iniciou-se, com a apresentação da PEC do teto de gastos, uma fase decisiva para o Brasil no século XXI.

Acerca da reforma trabalhista, *O Globo* publicou o editorial *Momento para se quebrar a rigidez das leis trabalhistas* (12 de junho de 2016), no qual defende que "reformas têm de ser feitas. Uma delas é a da legislação trabalhista, [...] a fim de incentivar a geração de empregos". Na mesma linha, a *Folha* publicou *Avanço trabalhista* (28 de abril de 2017), no qual enaltece o que considera ser o mais importante e positivo na reforma, a possibilidade de o negociado prevalecer sobre o legislado: "Reduz-se, assim, a excessiva tutela do Estado sobre as relações privadas, que muitas vezes dificulta ou inibe entendimentos capazes de preservar empregos".

Uma vez apresentadas as variáveis e a forma como operaram em geral para a execução do neogolpe, podemos analisar como essas variáveis se articularam.

A sofisticação do neogolpismo* (II): articulando as variáveis

Ainda que, no longo prazo, a interação entre as variáveis apresentadas na seção anterior fique evidente, no curto prazo tal coordenação nem sempre é óbvia. Por isso, optei por apresentar a interação durante a crise como um todo para depois analisar dois recortes em que essa interação foi mais dinâmica e evidente.

Nossa narrativa começa em 2014. As eleições daquele ano foram fortemente influenciadas por dois fatos. Por um lado, a

---

* Tomamos aqui emprestado o título de um artigo escrito com André Luiz Coelho (Coelho e Mendes, 2020).

continuidade da agitação das ruas, ou seja, da revolução colorida iniciada em junho de 2013. Por outro, em março daquele ano tinha início a Operação Lava Jato, que já despontava como importante elemento político e deixava claro sua função na estratégia da direita e o *modus operandi* com o qual trabalharia.

Exemplo de sua coordenação com o calendário político ficou evidente na eleição. Face ao acirramento da campanha eleitoral e ao fortalecimento de Dilma,

> o troco da fuzilaria do lulismo viria de Curitiba. Em setembro, quando Dilma estava empatada com Marina [Silva (PV), até então liderando as intenções de voto], surgiu a colaboração premiada do ex-diretor da Petrobras Paulo Roberto Costa, fortemente repercutida na imprensa. Preso na Lava Jato, Costa fez um depoimento vazado à revista *Veja* e publicado com uma chamada de capa afirmando que 'o dinheiro sustentava a base aliada do PT no Congresso'. (Singer, 2018, p. 166-167)

Às vésperas do segundo turno, a *Veja* foi às bancas com novo ataque. A capa do semanário trazia Dilma Rousseff, presidenta candidata à reeleição, o ex-presidente Lula e, em letras vermelhas (cor do partido e associada à esquerda), a seguinte frase "Eles sabiam de tudo". A frase era atribuída a Alberto Youssef, doleiro que fora o pivô da Lava Jato. Segundo a matéria, Lula e Dilma sabiam da rede de corrupção que se instalara na Petrobras, fato nunca comprovado.

Apesar da guinada à direita das ruas e sob o cerco da mídia e do sistema de justiça, o PT ganhou a quarta eleição presidencial seguida. Frustrada, a direita convocou o primeiro ato pró-*impeachment* poucos dias depois do pleito. No entanto, foi eleito o que até então era o Congresso mais conservador desde 1964. Em dezembro de 2015, o presidente da Câmara Eduardo Cunha iniciou o processo de impedimento de Dilma. Dias depois, novos atos pró-*impeachment*.

O pedido de *impeachment* tinha como objeto o que ficou conhecido como "pedaladas fiscais". Seria exaustivo tratar aqui das minúcias jurídicas e contábeis a esse respeito. Ficaremos apenas com a consideração de Serrano:

> Nos crimes políticos, há a necessidade de participação dolosa do presidente. Nenhum dispositivo na lei faz referência à modalidade culposa e a Constituição faz referência expressa ao impedimento por 'atos' do presidente. Pode-se até admitir sua responsabilização em 'omissões comissivas', ou seja, em situações nas quais se prove que o presidente sabia da prática criminosa, nada fez para impedi-la ou se beneficiou. No entanto, não cabe impedir um presidente por conta de atos praticados por terceiros. (*Caros Amigos*, 2015, p. 24-28)

Além do mais, dois fatos ilustram que se tratou de uma interpretação casuística da lei. Uma é que, dos 367 votos a favor do *impeachment*, apenas 45 parlamentares declararam fazê-lo usando algum termo relacionado ao libelo – "pedaladas", "crime de responsabilidade", "crédito suplementar" etc. Muito menos que "Deus" (76), "corrupção" (87) e "família" (156) (Nalon, 2016). A outra é que a prática, que fora feita por todos os presidentes anteriores a Dilma e que subsidiou o pedido de impedimento dela, foi regulamentada tão logo o golpe foi dado (Silva, 2016).

Assim, não se tratava de uma questão jurídica ou contábil, senão política. E a situação política do governo era francamente desfavorável. O governo, que era minoritário no Legislativo, foi sendo acantonado pela ofensiva do sistema de justiça, com a Lava Jato à frente. A cada fase da Lava Jato, mais notícias contra o PT. A "guerra midiática" estimulava os atos golpistas.

Com o afastamento de Dilma, Temer, com o apoio da mídia, tratou de avançar com a agenda neoliberal. A partir daí, as manifestações de direita praticamente cessaram. Nesse tópico é interessante observar os desdobramentos da gravação da conversa entre Temer e o empresário Joesley Batista, na qual esse informou que pagava uma "mesada" para Cunha não firmar acordo de delação premiada. Diante desse fato, porém, os movimentos que levaram multidões às ruas contra a corrupção tergiversaram. O Movimento Brasil Livre (MBL) e o Vem pra Rua até esboçaram promover atos para exigir a renúncia de Temer, mas recuaram (Wiziack, 2017, p. A13). Esses fatos reforçam a tese de que a anticorrupção é usada segundo as conveniências de classe.

Além disso, há uma dessemelhança no comportamento das ruas durante o governo Dilma e durante o governo Temer. Diferentemente do que aconteceu ao longo da luta que decidiria a sorte da petista, quando houve manifestações multitudinárias a favor e contra a presidenta, não há registros de manifestações massivas a favor do peemedebista. A direita preservou Temer restringindo a luta para a arena onde já se sabia vencedora, o Parlamento.

Temer impôs com rapidez e violência a agenda neoliberal que havia motivado o golpe. Temer apresentou a PEC do Teto dos Gastos (EC 95) (17 de abril de 2016) ainda durante sua interinidade. Tão logo aprovada (15 de dezembro de 2016), o governo apresentou o projeto da reforma trabalhista (23 de dezembro de 2016). Antes mesmo da aprovação desta (13 de julho de 2017), apresentou a reforma da Previdência (6 de março de 2017). Os protestos contra essa agenda foram tão duramente reprimidos que a Comissão Interamericana de Direitos Humanos (CIDH) e o Alto Comissariado das Nações Unidas para os Direitos Humanos (ACNUDH) emitiram nota (26 de maio de 2017) condenando "o uso excessivo da força por parte da PM para reprimir protestos e manifestações no Brasil" (OEA, 2017). As abordagens d'*O Globo* e da *Folha de S.Paulo* sobre os protestos foram sempre negativas para os movimentos sociais: "Ato de centrais acaba em vandalismo" (*O Globo*, 25 maio 2017, p. 1); "Protestos contra Temer em Brasília acaba em violência" (*Folha de S.Paulo*, 2017, p. 1). Já seus editoriais atribuíam os protestos a "grupos que defendem a manutenção de vantagens" (*O Globo*, 29 abr. 2017, p. 18) e defenderam a continuidade das reformas: "o governo não tem alternativa a não ser prosseguir com sua agenda" (*Folha de S.Paulo*, 29 de abril de 2017, p. A2).

Avançando com o calendário, em abril de 2018, o ex-presidente Lula, líder nas intenções de voto, foi preso no âmbito da Lava Jato.

Em 1º de setembro, a pouco mais de 30 dias do primeiro turno (7 de outubro de 2018), o TSE, em decisão inédita, indeferiu a candidatura do petista (Bächtold, 2018, p. A4). Conforme a campanha avançava, as candidaturas e os partidos que tradicionalmente representavam o neoliberalismo, Geraldo Alckmin (PSDB-SP) e Henrique Meireles (PMDB-SP), desidratavam em favor de Jair Bolsonaro (PSL-RJ), político de extrema-direita, com uma agenda que mesclava ultraliberalismo e fundamentalismo cristão. Bolsonaro terminou o primeiro turno na liderança, foi para o segundo turno e ganhou a eleição, sagrando-se presidente do Brasil.

Feita essa análise panorâmica da crise brasileira, podemos observar mais detalhadamente dois recortes em que as variáveis interagiram de modo mais dinâmico e evidente: o primeiro vai da condução coercitiva do ex-presidente Lula (6 de março de 2016) até a votação do *impeachment* na Câmara dos Deputados (17 de abril de 2016). O segundo vai do julgamento do *habeas corpus* em favor do petista no STF (4 de abril de 2018) até o final da eleição (27 de outubro de 2018).

Da condução coercitiva de Lula à votação na Câmara

Na manhã de 4 de março de 2016, uma sexta-feira, por ordem do juiz Sergio Moro, a PF conduziu coercitivamente o ex-presidente Lula para tomar-lhe o depoimento. Como era prática da Lava Jato, a mídia oligopolista fora avisada e às 6h já mostrava as viaturas e os agentes à porta da residência de Lula. Essa ação alimentou o noticiário não só por todo o fim de semana, como também na semana subsequente. No dia 13 daquele mês, mais de 3 milhões de pessoas foram às ruas na maior manifestação a favor do golpe (Coelho e Mendes, 2020).

Esse caso é interessante por alguns motivos. Como apontam os juristas Afrânio Silva Jardim, Humberto Fabretti e Rubens Casara, tal medida foi ilegal. Não havia justificativa para se recorrer ao expediente da condução coercitiva, porque a Constituição não permite que se force um acusado a comparecer para prestar depoimento, recurso cabível apenas a testemunhas, e, ainda assim, tal medida só se justifica após recusa da testemunha em comparecer ao local onde deve prestar o depoimento. Lula não poderia ser conduzido coercitivamente porque, sendo ele acusado – o que, à época, não era o caso –, o expediente é inaplicável, ou porque, sendo ele testemunha, não havia se negado a atender intimação prévia. Ademais, como observa o cientista político Frederico de Almeida, a operação tinha como função criar um espetáculo para a imprensa (Fabretti, Casara, Almeida e Jardim, 2016). Como já apresentado, Moro considerava a publicidade um instrumento importante para o sucesso da "cruzada" contra a corrupção.

Além disso, a omissão do TRF-4, em cuja jurisdição se encontra a vara responsável pela Lava Jato em Curitiba, e do STF quanto às ilegalidades. Como já indicado, Moro era contumaz em práticas, por assim dizer, heterodoxas. A dupla diferença agora era que a vítima do abuso de autoridade era um ex-presidente da República e uma das maiores lideranças políticas nacionais e que o ato, por cálculo do próprio juiz, possuía enorme notoriedade. No entanto, o TRF-4 não repreendeu Moro. Tampouco o fez o STF, à exceção do ministro Marco Aurélio Mello, que se limitou a se declarar contrário a tal medida. É importante notar que o gesto do ministro é de cunho estritamente opinativo, sem qualquer efeito punitivo. Perante os olhos de todo o Brasil e do mundo, as cortes superiores se omitiram enquanto um juiz de piso agia ao arrepio da lei em uma ação claramente política.

Fortalecido pelas manifestações e pela negligência das cortes superiores, Moro voltou à carga em 16 de março de 2016, a um mês da votação do *impeachment* na Câmara. O juiz liberou para a imprensa uma conversa do ex-presidente Lula com a então presidenta Dilma. Além de não guardar relação com as investigações contra o ex-presidente Lula, tal operação foi ilegal, porque tal interceptação só poderia ser feita pelo STF, já que a chefe de

Estado participava da conversa. A operação impediu que Dilma nomeasse Lula ministro, o que era tido como um ato estratégico para a articulação contra o golpe (Singer, 2018).

Essas ações coordenadas entre a mídia e o sistema de justiça fortaleciam os setores golpistas no Congresso e nos movimentos sociais de direita. Estimulados pela cobertura midiática sobre a Lava Jato, milhões de pessoas foram às ruas a favor do golpe, o que reduzia os custos da operação golpista no Congresso, afinal, os parlamentares passavam a ter como argumento que sua postura pela abreviação do mandato de Dilma estava em sintonia com a vontade da maioria da população. No dia 17 de abril, então, ocorreu a debacle. Os atos contra o golpe haviam mobilizado menos de um décimo do contingente pró-golpe (Goés e Roxo, 2016). Na Câmara, o governo não conseguiu o terço de votos necessário para impedir a aprovação do *impeachment*. Com isso, o processo foi para o Senado. Como esperado e sabido, o governo não conseguiu também um terço dos votos na Câmara Alta, e o golpe se consumou mantendo as aparências de legalidade.

Da prisão de Lula à eleição de Bolsonaro

Em 2018, Lula aparecia como favorito nas pesquisas de intenção de votos para presidente. Porém, a *Folha de S.Paulo* encontrou uma forma bem particular de trazer essa informação: "Sem Lula, Bolsonaro lidera e quatro disputam o 2º lugar" (*Folha de S.Paulo*, 31 de janeiro de 2018, p. 1). Os dados indicavam que havia ocorrido uma recomposição no campo da direita: o PSDB, tradicional partido a vocalizar os interesses neoliberais, parecia perder espaço para Bolsonaro, candidato de extrema-direita.

A razão formal para fazer a observação "sem Lula" é que a pesquisa fora realizada logo após o TRF-4 confirmar a sentença condenatória proferida pela primeira instância, no caso, o juiz Moro, em julho de 2017, o que tornava Lula inelegível por conta da "lei da ficha limpa". Sobre a condenação, note-se que não se conseguiu comprovar que o ex-presidente fosse o dono do imóvel que, segundo a tese da acusação, teria sido dado pela construtora OAS como propina. Moro sustentou a condenação com base em "atos de ofício indeterminados", sendo que "o Direito Penal é regido por princípios jurídicos, dentre os quais o da taxatividade [...] Em outras palavras, não há base jurídica para condenação por corrupção sem um ato comprovado que tenha beneficiado a OAS" (Tardelli, 2017).[*]

Em março de 2018, o TRF-4 indeferiu os recursos apresentados, abrindo caminho para a prisão do ex-presidente. Paralelamente à questão específica do julgamento de Lula, nos círculos jurídicos e políticos debatia-se uma questão genérica que teria reflexos nesse caso particular: a possibilidade ou não de que um condenado em segunda instância tivesse o direito de recorrer em liberdade. Em 2009, essa matéria já havia sido julgada pelo STF, que decidira que a reclusão só se efetivaria após o trânsito em julgado, e, em 2016, voltou atrás.

No dia 3, véspera da apreciação do *habeas corpus* de Lula, o general Eduardo Villas Bôas, comandante do Exército, faz uma postagem em uma rede social na qual assegurava "à Nação que o Exército Brasileiro julga compartilhar o anseio de todos os cidadãos de bem de repúdio à impunidade e de respeito à Constituição, à paz social e à Democracia". Dia 4, por seis a cinco, o STF entendeu que é constitucional a prisão após decisão em segunda instância e negou o *habeas corpus* impetrado pela defesa de Lula. Há que se destacar três pormenores no julgamento. A maioria dos ministros indicados pelos governos petistas votou a favor da prisão do ex-presidente. Com exceção de Alexandre de Moraes, que fora indicado por Temer, todos que votaram pela prisão de

---

[*] Ainda que exceda os limites da pesquisa, não poderíamos deixar de registrar que hoje Moro é sócio da consultoria Alvarez & Marsal, que, em 2017, sustentou que o referido imóvel pertencia a OAS (Revista Consultor Jurídico, 2 de dezembro de 2020).

Lula foram indicações do PT. Em contrapartida, entre os que votaram contra a prisão, a maioria (três dos cinco) foi indicada por governos anteriores ao ciclo petista.

Os outros dois pormenores referem-se à ministra Rosa Weber. Em 2016, Weber compusera a minoria que defendeu o entendimento de que não seria constitucional a prisão antes do trânsito em julgado. Em 2018, Weber disse que, conquanto mantivesse a convicção anterior, votaria com a maioria de 2016 (Turollo Jr.; Casado, 2018). É inescapável observar que, se ela tivesse votado segundo suas opiniões pessoais, a ministra estaria em harmonia com a "nova" maioria. O terceiro detalhe é que na época do julgamento da ação penal (AP) 470 – *conhecida como "caso mensalão" –, Weber, que fez coro à "teoria do domínio do fato", teve como juiz assistente Sergio Moro (Migalhas, 2020).

Um dos aspectos de um neogolpe é que, por trás do respeito formal às normas, há uma interpretação casuística delas, aspecto evidente no caso em análise. No dia do julgamento, faltavam seis meses para o primeiro turno da eleição presidencial. Pesquisa realizada em março indicava não só que Lula liderava as intenções de votos como possuía o dobro de Bolsonaro, segundo colocado. Finalmente, em novembro de 2019, novamente a questão da prisão após segunda instância foi pauta do Supremo. Com o voto decisivo de Weber, restabeleceu-se o entendimento de que a reclusão só deve ser aplicada após o trânsito em julgado (Brígido e Souza, 2019, p. 4).

---

* Alguns autores, como Wanderley Guilherme dos Santos (2017) e Pedro Serrano (2016), apontam o julgamento da AP 470 como um dos precedentes do golpe de 2016, porque foi nele que se inverteu de forma mais explícita a presunção de inocência e passou-se a aceitar a inversão do ônus da prova. Nesse tocante, o voto de Weber pela condenação de José Dirceu e José Genoino é emblemático pelo seguinte trecho: "não é possível acreditar que Delúbio [Soares, ex-tesoureiro do PT] sozinho tenha comprometido o PT" (Brígido e Souza, 2012, p. 3).

Do ponto de vista analítico, é interessante retomar a citação do jurista Pedro Serrano quando elenca as condições e os mecanismos pelos quais opera o Estado de exceção e trazer um dos tópicos:

> a necessidade de produção de atos formais advindos de um poder parcialmente dominado pela expressão do conservadorismo, a fim de combater a ascensão ao Executivo dos governos de esquerda democrática ou dos interesses que ela representa. (2016, p. 106)

Nesse sentido, a condenação do ex-presidente por "atos de ofício indeterminados" constituiu o "ato formal" para que o conservadorismo impedisse que a esquerda retornasse ao governo federal. Assim, constata-se que "os vetores que somaram força para a desestabilização e o *impeachment* continuaram operando mesmo após o sucesso do neogolpe de 2016 tanto para a permanência de Michel Temer no poder (2016-2018) como para a eleição de Jair Bolsonaro" (Coelho e Mendes, 2020, p. 227).

Voltando à linha cronológica, no dia seguinte ao julgamento do *habeas corpus* de Lula, (5 de abril), Moro decretou sua prisão. A prisão de Lula entrava para o rol dos "atos formais" que viabilizava a interferência no processo político-eleitoral. Com base nela, aplicou-se a "lei da ficha limpa", o que tornava o ex-presidente inelegível. Em agosto, em nova demonstração de casuísmo, o Tribunal Superior Eleitoral (TSE), em desacordo com sua jurisprudência (Brígido e Carvalho, 2018, p. 5), impugnou a candidatura de Lula, exigindo sua substituição na chapa e nos programas eleitorais.

Ao longo da campanha, Bolsonaro firmou-se como representante da direita e ganhou a eleição. Nessa trajetória, o candidato contou com o apoio implícito de uns e explícito de outros. A burguesia mostrou sua predileção por ele em evento na Confederação Nacional da Indústria (CNI). Na ocasião, Bolsonaro foi o candidato mais aplaudido, e o presidente da entidade, Robson Braga de Andrade, afirmou que sua categoria "não tem receio, de forma alguma, de um governo de Jair Bolsonaro" (Bilenky, 2018, p. A4). O jornal *O Estado de S.Paulo*, em editorial (8 de outubro de 2018), afirmou ser "Uma escolha muito difícil" optar por Haddad, representante de um partido que havia governado o país por 13 anos, e Bolsonaro, político que enaltecia o regime autoritário. Embora a imprensa internacional classificasse Bolsonaro como de extrema-direita, a *Folha de S.Paulo* proibiu o uso do termo para designá-lo (Costa, 2018, p. A6). A TV Globo, que historicamente promove o último debate das campanhas presidenciais, cancelou o confronto do segundo turno porque Bolsonaro se recusou a participar. Assim, a emissora rompia a tradição de manter o púlpito vazio e abrir espaço para que os demais candidatos se apresentassem.

Finalmente, o judiciário foi omisso diante das irregularidades cometidas pela campanha de Bolsonaro. Uma das maiores irregularidades foi o uso de *fake news*. Prevendo que esse instrumento seria um desafio para as autoridades, o TSE criou, em dezembro de 2017, o Conselho Consultivo sobre Internet e Eleições, que, além de técnicos do tribunal, contava com representantes do Exército, da Polícia Federal, do Ministério Público Eleitoral, da Agência Brasileira de Inteligência (Abin) e da sociedade civil (Lima, 2018, p. A6). Pouco efetivo, apenas em 15 de outubro, em pleno segundo turno, é que o TSE exigiu que o YouTube e o Facebook retirassem do ar os vídeos que disseminavam a *fake news* do *kit gay* (Tribunal Superior Eleitoral, 2018). Embora o tribunal tivesse dado 48 horas para o cumprimento da ordem, até hoje essa mentira é propagada por diversos canais, dentre os quais o do próprio Bolsonaro (Bolsonaro, 2018) e de Silas Malafaia (Malafaia, 2018), pastor evangélico e apoiador de Bolsonaro.[*]

Outra omissão das autoridades diz respeito ao financiamento ilegal da campanha de Bolsonaro. Em 18 de outubro, foi noticiado que havia um grupo de empresas pagando pelo disparo massivo de mensagens contra o PT e a favor de Bolsonaro (Mello, 2018).

---

[*] Na dissertação (Mendes, 2021) constam as imagens que comprovam que até a conclusão da redação esse conteúdo continuava *online*.

Uma vez que estavam vetadas as doações de pessoas jurídicas às campanhas, esse tipo de veiculação configurava prática irregular e ilegal.

No dia 27 de outubro, Bolsonaro obteve a maioria dos votos e foi eleito presidente do Brasil. Na semana seguinte, ele anunciou Moro como seu ministro da Justiça. No dia 2 de janeiro, na cerimônia de transmissão do ministro da Defesa, Bolsonaro vira-se para o general Villas Bôas e diz que "o senhor é um dos responsáveis por eu estar aqui" (Camponez; Coutinho; Bresciani, 2019, p. 6).

Conclusão

> Na sua ascensão, a burguesia mobilizou as massas e reiteradamente as traiu e abateu. [...] O Estado autoritário necessita de uma base democrática de massas; o líder deve ser eleito pelo povo, e ele o é.
> (Herbert Marcuse, Prólogo de *O 18 de brumário de Luís Bonaparte,* de Karl Marx)

Sorocaba, 17 de setembro de 2021. Irene Moreno explica que o pé de frango "virou a mistura possível, pois é o que dá para comprar. A carne bovina perdeu vez em casa. Primeiro é o frango, depois o porco. Dizem que pé de frango faz bem para os ossos, mas eu digo que faz bem para o bolso" (Tomazela, 2021).

Atibaia, 16 de março de 2021. Fernanda Ferreira da Fonseca (60) vendeu algumas de suas panelas para comprar pés de galinha. A razão disso é que o botijão de gás, vendido a 90 reais, compromete metade dos 179 reais que a idosa recebe do Bolsa Família (Mota, 2021).

Osasco, 2 de setembro de 2021. Uma mulher e seu bebê (7 meses) deram entrada num hospital com queimaduras graves. O acidente ocorreu enquanto ela cozinhava usando álcool combustível. Ganhando 375 reais de Bolsa Família, optou por priorizar a compra de alimentos em detrimento do botijão de gás. Geisa Sfanini (32), que teve 90% do corpo queimado, veio a óbito no dia 27 do mesmo mês (Paiva e Paulo, 2021).

Muitas vezes, os indicadores socioeconômicos podem ocultar o fato de que por trás dos grandes números há pessoas, há dramas sociais e pessoais. Isso acontece especialmente com analistas – cientistas políticos, economistas, geógrafos, sociólogos, historiadores etc. – ávidos por fundamentar seus argumentos com frases como "o desemprego aumentou X%", "a inflação acumulada no período foi de Y%".

Ora, quando dizemos que desde o golpe de 2016 o desemprego aumentou, estamos dizendo que pessoas não estão conseguindo pôr comida em seus pratos, não estão conseguindo comprar gás para preparar seus alimentos.

A análise política é, sobretudo, uma análise do conflito distributivo, afinal, ao contrário do discurso dominante, política e economia estão umbilicalmente ligadas. Nesse sentido, é importante lembrar que enquanto o desemprego sobe, no Brasil pós-golpe também sobe o número de bilionários (Uol, 2019).

Faço essa espécie de introdução para poder dizer ao leitor e à leitora que muitas vezes foi dolorido conduzir essa pesquisa. Reconheço que esse é um dos contratempos da modalidade de investigação a que me propus. Os manuais de metodologia avisam que não é fácil estudar um fenômeno recente. No entanto, o aviso se refere, fundamentalmente, aos problemas para se obter os dados. Eles não tratam da aflição gerada por saber que as pessoas, durante sua pesquisa ou redação, e não em algum momento do passado, não estão conseguindo comer por causa do fenômeno que você está investigando.

Para além da violência física, expressada não só pela fome, mas também pela repressão policial aos protestos contra a agenda neoliberal, o processo que estudei também tem um componente de violência simbólica. Nesse sentido, também não consta nos manuais que eu teria náusea ao rever os *memes* que circularam à época. Optei por não trabalhar com tais imagens, em geral cenas asquerosas – quase sempre de cunho sexual – em que a presidenta Dilma era retratada.

Feito esse desabafo – pelo qual eu não peço desculpas –, posso entrar na conclusão propriamente dita.

A atual crise brasileira é um processo que se inicia em junho de 2013, passa pela derrubada da presidenta Dilma Rousseff, em 2016, culmina na eleição de Jair Bolsonaro, em 2018, e se estende até o presente. Dentre os vários prismas pelos quais se poderia analisar a crise orgânica pela qual passa o Brasil, aqui foram escolhidas a guerra híbrida e o neogolpismo. Ambas as abordagens partem da ideia de que fenômenos políticos que acompanham as sociedades há séculos passaram por transformações. São guerras, são golpes, mas com novas feições, adaptadas à realidade hodierna. Além disso, tanto a guerra híbrida quanto o neogolpe contam com expedientes diversionistas cujas finalidades são fazer parecerem ser tudo menos o que são: guerras e golpes.

Ainda sob os aspectos gerais da pesquisa, é importante observar que ela encontrou desafios inerentes à própria natureza da proposta investigativa. Esse aspecto teve duas consequências. Uma é que algumas evidências surgiram enquanto eu pesquisava ou redigia sobre os resultados da investigação. A outra é que, em oposição, houve situações em que a proximidade temporal cobrou seu preço. Quer para ratificar nossa hipótese, quer para refutá-la, com o tempo novos elementos surgirão para ajudar a elucidar esse período. O fato é que a pesquisa foi conduzida com os dados disponíveis à época acerca de eventos que distam tão somente entre dois e sete anos.

A crise brasileira possui uma dimensão internacional e outra doméstica. Do ponto de vista geopolítico, ela se relaciona com a crise da hegemonia dos Estados Unidos, ameaçada principalmente pela China, mas também pela Rússia. Do ponto de vista interno, ela reflete o aguçamento da luta de classes em nosso país. Nas duas pontas, há um componente que se destaca: a força da ideologia como arma no conflito político. É a ideologia que leva as pessoas a agirem com o objetivo de interferir nas relações de poder, quer para mantê-las, quer para subvertê-las.

Em uma guerra ideológica, conquistam-se os corações e as mentes a favor de uma causa, de uma visão de mundo. Essa conquista se dá aos poucos, em muitos casos, de forma silenciosa e dissimulada. Uma vez recrutadas, as pessoas começam a operar em prol dessa ideologia. Dentre as várias possibilidades de fundamentos e valores que serão mobilizados e sob as formas pelas quais eles se articulam, as ideologias podem ser simplificadamente sintetizadas no seguinte antagonismo: orientar o Estado a reduzir as desigualdades e colocar-se de forma autônoma e soberana na arena internacional; ou orientar o Estado a abster-se de impor limites à exploração entre os seres humanos e a ter uma postura subalterna no cenário global. O que os eventos de 2013 para cá indicam é que a segunda visão de mundo tem encontrado mais adeptos entre os brasileiros, frisando que essa adesão pode se dar ativa ou passivamente, por cumplicidade ou indiferença.

Essa guerra ideológica se expressou e se expressa tanto na dimensão doméstica quanto global da crise. Internamente, ela assumiu a forma de uma contrarrevolução preventiva. Ainda que seus interesses não estivessem frontalmente ameaçados pelas políticas inclusivas implementadas pelos governos do PT, a burguesia nativa decidiu agir preventivamente não apenas para restabelecer os padrões de exploração e acumulação anteriores a 2003, quando se iniciou o ciclo petista, mas também para desmontar os serviços públicos e para eliminar direitos sociais assegurados na Constituição.

Desde a Constituinte (1987-1988), essa tessitura político-socioeconômica, que visava garantir um mínimo de dignidade aos brasileiros, sobretudo aos mais pobres, representava um entrave para a acumulação irrestrita e, pela ótica burguesa, precisava ser eliminada. O (dito) elevado custo dos direitos sociais e dos serviços públicos e a (dita) antinomia entre direitos e empregos são variações daquele tema, são enunciados que clamam pelo fim de qualquer constrangimento em relação à exploração da classe trabalhadora. Em paralelo, se enuncia também que, sendo essa a ordem natural das coisas, qualquer voz dissonante deve ser reprimida com violência. O fato de que parte da classe trabalhadora toma essas premissas do liberalismo e do conservadorismo como verdade, mostra o grau de força e de eficiência dos instrumentos de formulação, veiculação e promoção das ideologias burguesas.

Para além das manifestações de 2013, quando a luta ideológica possuía um perfil dissimulado, essa força e essa eficiência restaram evidentes em ao menos três episódios na conjuntura pós-golpe de 2016. As esquerdas foram incapazes de promover mobilizações que impedissem a aprovação da "PEC do Fim do Mundo" e da reforma trabalhista. Não se conseguiu, à época da tramitação da contrarreforma trabalhista, que a maioria da classe trabalhadora deixasse de ficar indiferente a um ataque às suas condições materiais de existência. Com efeito, o que se assistiu foi que a maioria da classe trabalhadora reproduziu o discurso neoliberal de que direitos trabalhistas são privilégios. Porém, penso que exemplo melhor foi o fato de Bolsonaro ganhar o voto de parte da classe trabalhadora mesmo dizendo que "o trabalhador terá que escolher entre mais direito e menos emprego, ou menos direito e mais emprego" (Catraca Livre, 2020).

Na dimensão internacional, essa guerra ideológica atende pelo nome de imperialismo. Como demonstrado, a dominação imperialista possui formas diversas além das intervenções militares, sendo essa por certo sua expressão mais óbvia. Entre os principais mecanismos pelo qual o imperialismo é exercido hoje destaca-se o neoliberalismo, a ideologia a serviço da dominação dos países centrais. Por meio dele os Estados centrais obtêm acesso a recursos naturais e sociais dos Estados periféricos a um preço subvalorizado. O resultado disso não é apenas o enriquecimento da burguesia financeira. Uma vez que a acumulação por espoliação transfere riqueza da periferia para o centro do sistema capitalista, ela responde por fração da estabilidade política verificada nos Estados centrais, porque essa decorre, em parte, do bem-estar social experimentado naquelas latitudes.

Nesse arranjo, e mesmo antes da hegemonia neoliberal, as burguesias latino-americanas costumam funcionar como prepostas dos interesses imperialistas e operadoras dessa transferência de riqueza. O par dessa espoliação é a instabilidade política regional. Essa, por sua vez, tem seu paroxismo nos golpes de Estado, que foram tão frequentes no século XX e que precisaram se ajustar à nova conjuntura, na qual esses expedientes não soem ser bem-vistos.

Os neogolpes surgem da necessidade das burguesias locais em contornar a insanável contradição entre os aspectos materiais e formais da democracia. Na região, a democracia liberal nunca passou de um simulacro, e mesmo esse simulacro desagrada as elites locais, como bem demonstram os neogolpes hondurenho, paraguaio e brasileiro. Substancialmente, essas novas modalidades de golpes foram a maneira que as burguesias nativas encontraram para contornar o descompasso entre seus anseios e os resultados eleitorais.

Como demonstrado, a derrubada de Dilma, em 2016, a inelegibilidade de Lula e a eleição de Jair Bolsonaro, ambos em 2018, constituem partes do neogolpe, um golpe de Estado levado a termo não por militares, senão por agentes no Parlamento, no sistema de justiça, na mídia oligopolista e por movimentos sociais de direita. No lugar dos tanques nas ruas, entraram em cena as interpretações casuísticas das leis; a perseguição policial, judicial e midiática; e mobilizações populares. Por intermédio do neogolpe, se aprofunda no Brasil a contrarrevolução anteriormente descrita e que é a marca doméstica da crise brasileira.

O neogolpe é tributário da conjuntura aberta pelas manifestações de junho de 2013, tema que serve de enlace para o outro conceito-chave do trabalho, a guerra híbrida. Como demonstrado, o neogolpe ocorrido no Brasil representa uma sofisticação em relação aos levados a termo em Honduras e no Paraguai justamente porque aqui o fenômeno foi atualizado e complexificado pelo fato de ter feito parte de uma guerra híbrida.

A guerra híbrida constitui hoje um dos mais sofisticados métodos imperialistas. Sem embargo, ela também pode ser entendida como o ponto alto de doutrinas e estratégias formuladas por Sun Tzu, Nicolau Maquiavel e Carl von Clausewitz, como, por exemplo, ganhar uma guerra sem precisar recorrer ao conflito armado; identificar e estimular a cizânia nas trincheiras inimigas; e escorar-se em forças endógenas tanto para conquistar um território quanto para mantê-lo sob controle.

Uma das principais autoridades no que se refere a guerras híbridas é Andrew Korybko (2018a), especificamente por seu livro *Guerras híbridas*. Todavia, entendo que tal obra não pode servir de apara ou embotador. Assim, em que pese a presente investigação da crise brasileira ter usado seu livro como referência, alguns pontos aqui foram extrapolados. Nesse sentido, advogou-se que a guerra não convencional não é imprescindível à guerra híbrida e que a revolução colorida não é só uma etapa da guerra híbrida, mas também uma face. Dessa forma, o fato de inexistir – ao menos até o momento – elementos que indiquem que, se o golpe fracassasse, o Brasil entraria em uma guerra não convencional não refuta, *a priori*, que tenha havido aqui uma revolução colorida.

Outro ponto de extrapolação em relação ao esquema proposto no referido livro (Korybko, 2018a) foi a inclusão do *lawfare* como parte da guerra híbrida, o que é fundamental para entendermos a relação entre esse tipo de ação imperialista e a crise brasileira. Esse adendo encontra respaldo no próprio manual de operação para guerras não convencionais do Departamento de Defesa dos Estados Unidos, o Training Circular (TC) 18-01, que destaca o fato de ser esse tipo de intervenção um esforço interagências e que, portanto, exige cooperação de toda a estrutura governamental estadunidense.

Além disso, não se pode olvidar o papel do *lawfare* na crise brasileira, tendo a Operação Lava Jato à frente. Houve um duplo conluio, um entre o juiz Sergio Moro, os promotores da força-tarefa e a mídia oligopolista; e outro entre agentes brasileiros – promotores e juiz – e autoridades estadunidenses. Esses conchavos serviam à luta política doméstica e internacional. Internamente, a Lava Jato alimentou a crise que abreviou o mandato de Dilma, impediu a candidatura de Lula e viabilizou a eleição de Bolsonaro. Do ponto de vista internacional, ela serviu aos interesses geopolíticos dos EUA, porque ajudou a sabotar o projeto de um Brasil com autonomia na arena internacional e aliado da China e da Rússia.

Finalmente, a guerra híbrida é essencialmente uma guerra ideológica. Tal constatação permite alinhavar a eclosão das manifestações de junho de 2013 e a luta política que lhe sucedeu, tanto nas instituições quanto nas ruas.

De fato, desde a redemocratização, a mídia oligopolista e os *think tanks* de direita operavam para conquistar os corações e mentes brasileiros para aceitar como inevitáveis tanto o neoliberalismo quanto a hegemonia estadunidense. Porém, em que pese todo o empenho desses aparelhos ideológicos, desde 2002, as urnas indicavam outro caminho. Nem mesmo o recrudescimento da luta ideológica por parte da direita observado a partir de 2006, tanto em ambiente virtual – fóruns, páginas e perfis – como em ambiente real – reestruturação da rede de *think tanks* –, fora capaz de reverter a tendência do eleitorado em votar em candidatos que negassem a agenda neoliberal.

Nesse sentido, pela ótica de uma guerra híbrida, as manifestações de junho de 2013 foram uma revolução colorida e decorreram de um senso de oportunidade por parte da direita. Aqueles atos começaram como algo de esquerda, como se vê pelas pautas e pelos grupos que os convocaram inicialmente. No entanto, a direita enxergou neles a chance de extravasar toda a energia acumulada em anos de trabalho ideológico. Com efeito, a esquerda só liderou aqueles protestos enquanto eles eram pequenos. Não se trata de que, como indica a leitura dominante, a esquerda perdeu a liderança conforme os atos cresciam: os atos se agigantaram por influência da direita. Ou seja, a partir do momento em que eles se tornaram multitudinários – a partir do dia 17 de junho –, eles nunca "estiveram em disputa".

Como demonstrado, entre o dia 13 de junho – quando os atos foram violentamente reprimidos – e o dia 17 – quando inicia a mudança quantitativa e qualitativa dos atos –, houve uma inflexão tanto nas redes sociais quanto na mídia oligopolista. No ambiente virtual, os perfis de direita passaram a ser os principais a tratarem do tema. Além disso, não se pode menosprezar o impacto que teve a bandeira nacional se tornar progressivamente mais comum como vestimenta para os manifestantes, ação essa estimulada pela propaganda dos canais manipulados pela direita. Já a mídia oligopolista, sempre insensível à violência contra manifestantes, mormente quando esses levantam bandeiras de esquerda, passou a condenar a violência policial que ela mesma exigira na véspera. Finalmente, a partir do dia 17 de junho, a cobertura passou a enaltecer os atos.

A interpretação de que estava em curso uma revolução colorida parece, portanto, muito mais plausível se comparada à visão predominante, da direita à esquerda, de que o crescimento daquelas manifestações foi fruto da súbita espontaneidade e da indignação solidária, ou seja, que centenas de milhares de pessoas decidiram espontânea e repentinamente se manifestar porque ficaram indignadas com a violência policial.

Nesse sentido, vale a pena relembrar alguns pontos acerca daquelas manifestações. A partir do dia 14 de junho, passaram a se envolver na convocação lideranças e militantes ultraliberais e saudosistas da ditadura, dois segmentos que dificilmente engrossariam atos de esquerda e que tampouco costumam demonstram empatia para com as vítimas da violência policial. Além disso, já era sabido tanto o potencial dos algoritmos e das redes sociais para mobilizações também como usar essas duas ferramentas como armas políticas. Finalmente, desde as revoluções coloridas ocorridas no Cáucaso e no Leste Europeu, as direitas têm *expertise* em mascarar uma operação de guerra ideológica como revolta popular.

Em essência, uma revolução colorida é tanto uma contrarrevolução quanto a mais moderna expressão da guerra ideológica, tomando aqui a acepção de ideologia como conjunto de enunciados vinculado à visão de sociedade e cuja função é promover e legitimar os interesses de uma classe social. Trata-se de convencer parte da população a defender os interesses de um segmento da elite nacional e o imperialismo. Trata-se de insuflar manifestações populares a favor da restauração de uma ordem superada ou em risco – como era o caso brasileiro, em que as elites se sentiam ameaçadas pela inclusão social promovida pelos governos petistas. Trata-se de obter respaldo popular para a espoliação e para a subjugação de um território a interesses externos que costumam vir na esteira dessas manifestações.

É importante destacar que esse tipo de operação não pode ser confundido ou reduzido a uma manobra palaciana orquestrada desde o exterior. O que ocorre é a convergência de interesses entre segmentos domésticos e imperialistas. Por um lado, aqueles se beneficiam de recursos e de treinamento fornecidos pelos Estados Unidos – por instituições governamentais ou privadas – para alterarem as relações de poder naquela sociedade a seu favor. Por outro, forças endógenas decidem ser os prepostos do imperialismo naquele Estado, afinal, frise-se, são forças internas que travam a guerra ideológica, derrubam governos tidos como hostis pelos Estados imperialistas e passam a trabalhar como defensores de um sistema que transfere parte da riqueza de seu próprio território para o enriquecimento de outro Estado.

A estrutura dessa guerra ideológica é centrada nas agências estadunidenses NED e Usaid e numa rede de *think tanks* e ONGs empenhadas na divulgação do neoliberalismo e na formação de militantes e ativistas da causa. Como demonstrado, alguns dos *think tanks* que travaram a guerra ideológica na sociedade brasileira possuem relação próxima com suas congêneres internacionais, que, por sua vez, atuam articuladamente com a Usaid e o NED. Esse vínculo se dá prioritariamente de duas formas: por intercâmbio entre os militantes e as lideranças; e por meio de financiamento. Em última instância, por um lado, trata-se de uma rede pela qual fluem a ideologia e as instruções formuladas em agências ligadas ao Departamento de Estado dos Estados Unidos acerca de organização e ação política; e, por outro, significa o repasse de recursos das grandes corporações associadas ao imperialismo e mesmo de recursos do tesouro estadunidense.

Finalmente, há que se que reconhecer que não foi possível demonstrar explícita e inequivocamente a participação dos Estados Unidos nos eventos de 2013. No entanto, foram encontrados dois indícios de que a comprovação de tal nexo pode ser apenas uma questão de tempo. Ou, quiçá, de uma pesquisa cujo escopo lhe conceda maior fôlego do que uma dissertação de mestrado, como foi meu caso.

Um desses indícios é a rede de relacionamentos de Fabio Ostermann. Como observado, ainda que ele não figure entre as mais conhecidas dessas (então) jovens lideranças ultraliberais, foi possível identificar que ele frequentou instituições muito próximas às agências que ocupam as posições-chave na estrutura governamental de guerra ideológica dos Estados Unidos. O outro indício refere-se ao fato de que a embaixadora Liliana Ayalde, que assumiu a representação dos Estados Unidos no Brasil em 2013, coordenara as operações da Usaid na América Latina.

Nessas duas pontas, considerando movimentos sociais de direita brasileiros e instituições governamentais estadunidenses, quantas pessoas menos notáveis podem fornecer o vínculo explícito e inequívoco entre as manifestações de junho de 2013 e o governo dos EUA? Esse é um dos caminhos investigativos que deixo aberto para novos pesquisadores e pesquisadoras.

Não obstante, entendo que reconhecer que não foi possível identificar o nexo inquestionável entre aquelas manifestações e o governo dos EUA não prejudica a validade da hipótese formulada na pesquisa – de que o neogolpe brasileiro foi parte de uma guerra híbrida. Primeiramente, porque a relação que a elite e a sociedade brasileiras possuem com suas correlatas estadunidenses é muito mais próxima do que a observada na Sérvia, na Geórgia e na Ucrânia, onde ocorreram os mais amplamente reconhecidos exemplos de revolução colorida. Portanto, a influência de Washington nos eventos de 2013 poderia se dar de forma muito mais sutil e dissimulada. Além disso, não há no Brasil nenhum segmento da elite que possua fortes laços com outras potências;

ao contrário, todas as frações da elite brasileira referenciam-se na elite estadunidense.

Em terceiro lugar, é necessário diferenciar interferência de influência. Interferência pressupõe que um agente impõe sua vontade sobre outro, que ou não reage ou não o faz com devida força. Por seu turno, influência significa que as ideias de um agente inspiram as ideias e as ações de outro. Logo, não há que se falar em interferência, mas em influência. Como descrito nos parágrafos anteriores e demonstrado especialmente no segundo capítulo, para além da forte penetração da cultura estadunidense na cultura brasileira e do histórico vínculo entre as elites daqui e de lá, há um intenso intercâmbio entre os *think tanks* de direita no Brasil e os principais *think tanks* com atuação global e que defendem o neoliberalismo e a hegemonia estadunidense. Em quarto lugar, o *lawfare* promovido pela Lava Jato, e que ocupou lugar destacado no neogolpe brasileiro, pode ser interpretado como uma manobra de guerra híbrida.

Finalmente, um dos aspectos do neogolpe brasileiro que o difere dos seus antecessores foi a intensa mobilização popular. No entanto, para além de interromper o mandato da ex-presidenta Dilma, o que aqueles atos promoveram efetivamente foi uma contrarrevolução neoliberal e a capitulação do Brasil frente ao imperialismo. Mobilizações multitudinárias como as que ocorreram no Brasil, e que foram importantes tanto para a consecução do neogolpe quanto para sua aceitação – inclusive acadêmica –, são típicas de guerras ideológicas, e essas têm na guerra híbrida sua versão mais atual e aprimorada.

Lista de acrônimos

ABCP .... Associação Brasileira de Ciência Política
ABIN .... Agência Brasileira de Inteligência
ACNUDH ..... Alto Comissariado das Nações Unidas para os Direitos Humanos
ACR .... Arranjo Contingencial de Reserva
AGNU .... Assembleia Geral das Nações Unidas
Alacip .... Associação Latino-Americana de Ciência Política
Alba .... Aliança Bolivariana para os Povos da Nossa América
ANC .... Assembleia Nacional Constituinte
Ancinav .... Agência Nacional de Audiovisual
AP .... Ação Penal
Bric .... Brasil, Rússia, Índia e China
Brics .... Brasil, Rússia, Índia, China e África do Sul
Celac .... Comunidade de Estados Latino-Americanos e Caribenhos
Cesec .... Centro de Estudios Socioeconómicos
CIDH .... Comissão Interamericana de Direitos Humanos
CIPE .... Center of Private Enterprise
CMDA .... Conferência de Ministros de Defesa das Américas
CNI .... Confederação Nacional da Indústria
CNJ .... Conselho Nacional de Jornalismo
CNV .... Comissão Nacional da Verdade
Colina .... Comado de Libertação Nacional
CSA .... ciclo sistêmico de acumulação
CSNU .... Conselho de Segurança das Nações Unidas
CUT .... Central Única dos Trabalhadores
DHS .... Departamento de Segurança Interna (Estados Unidos)

DOD .... Departamento de Defesa (Estados Unidos)
DOJ .... Departamento de Justiça (Estados Unidos)
EC .... Emenda Constitucional
EPL .... Estudantes Pela Liberdade
EUA .... Estados Unidos da América
FCPA .... Foreign Corruption Practice Act
Fiec .... Federação das Indústrias do Ceará
Fiel .... Fundación de Investigaciones Económicas Latinoamericanas
Fiesp .... Federação das Indústrias de São Paulo
FM .... Fundación Mediterránea
Ibad .... Instituto Brasileiro de Ação Democrática
Ibas .... Fórum Índia, Brasil e África do Sul
IEE .... Instituto de Estudos Empresariais
IL .... Instituto Liberal
Ilips .... Instituto Liberal São Paulo
IMB .... Instituto Mises Brasil
Imil .... Instituto Millenium
Ipes .... Instituto de Pesquisas e Estudos Sociais
IRI .... International Republican Institute
MAS .... Movimento ao Socialismo
MBL .... Movimento Brasil Livre
Mercosul .... Mercado Comum do Sul
MJ .... Ministério da Justiça
MP .... Ministério Público
MPF .... Ministério Público Federal
MPL .... Movimento Passa Livre
NBD .... Novo Banco de Desenvolvimento
NDI .... National Democrat Institute
NED .... National Endowment for Democracy
Novo .... Partido Novo

NSA .... National Security Agency
OCDE .... Organização para Cooperação e Desenvolvimento Econômico
OCX .... Organização para a Cooperação de Xangai
OEA .... Organização dos Estados Americanos
OEC .... Observatory of Economic Complexity
OODA .... Observação, Orientação, Decisão e Ação
OSF .... Open Society Foundation
PF .... Polícia Federal
PMDB .... Partido do Movimento Democrático Brasileiro
PP .... Partido Progressista
PSB .... Partido Socialista Brasileiro
PSD .... Partido Social Democrático
PSDB .... Partido da Social Democracia Brasileira
PSL .... Partido Social Liberal
Psol .... Partido Socialismo e Liberdade
PT .... Partido dos Trabalhadores
SFL .... Students For Liberty
STF .... Supremo Tribunal Federal
TC .... Training Circular
TIC .... Tecnologia da Informação e Comunicação
TRF .... Tribunal Regional Federal
TSE .... Tribunal Superior Eleitoral
Unasul .... União das Nações Sul-Americanas
Usaid .... Agência dos Estados Unidos para o Desenvolvimento Internacional
VAR-Palmares ...... Vanguarda Armada Revolucionária Palmares

Referências

A REVOLUÇÃO NÃO SERÁ TELEVISIONADA. [The Revolution Will Not Be Televised]. Direção: Kim Bartley e Donnacha O'Brien. Power Pictures. Irlanda, 2003. Vitagraph Films (Estados Unidos), 2003. DVD (74 min.), colorido.

ABÍLIO, Ludmila. C. Colapso ou atualidade do empreendimento colonial? *Le Monde Diplomatique Brasil*, São Paulo, v. 150, n. 13, p. 18-19, jan. 2020.

ADAM, Gabriel. A Federação Russa: metamorfoses de uma potência. *In*: VIZENTINI, P. G. F. *et al.* (eds.) *BRICS*: as potências emergentes: China, Rússia, Índia, Brasil e África do Sul. Petrópolis: Editora Vozes, 2013.

AGNEW, John A. *Hegemony*: the new shape of global power. Philadelphia: Temple University Press, 2005.

AGOSTINE, Cristiane. Fiesp oferece filé *mignon* a manifestantes pró-*impeachment* na Paulista. *Valor*, 17 mar. 2016. Disponível em: https://valor.globo.com/politica/noticia/2016/03/17/fiesp-oferece-file-mignon-a-manifestantes-pro-impeachment-na-paulista.ghtml. Acesso em: 7 dez. 2020.

AGUIAR, Pedro. Ucrânia: do carnaval laranja às cinzas da guerra civil. *Opera Mundi*, 22 fev. 2014. Disponível em: https://operamundi.uol.com.br/opiniao/34092/ucrania-do-carnaval-laranja-as-cinzas-da-guerra-civil. Acesso em: 9 jan. 2022.

ALMENDARES, J. Por trás do golpe. *Le Monde Diplomatique Brasil*, São Paulo, v. 25, n. 3, p. 8-9, ago. 2009.

AMARAL, Marina. A nova roupa da direita. *Agência Pública*, 23 jun. 2015. Disponível em: https://apublica.org/2015/06/a-nova-roupa-da-direita/. Acesso em: 11 jan. 2022

AGÊNCIA BRASIL. Grupos paramilitares ressurgem na Colômbia, denunciam organizações de esquerda. *Agência Brasil*, 16 mar. 2016. Disponível em: https://agenciabrasil.ebc.com.br/internacional/noticia/2016-03/grupos-paramilitares-ressurgem-na-colombia-denunciam-organizacoes-de Acesso em: 6 mar. 2020.

AMIN, Samir. O imperialismo, passado e presente. *Tempo*, Niterói, v. 9, n. 18, p. 77-123, 2005.
ARAUJO, Washington. A imprensa como partido político. *Armazém Literário*, Jornal de debates, edição 586, 20 abr. 2010. Disponível em: www.observatoriodaimprensa.com.br/armazem-literario/a--imprensa-como-partido-politico/. Acesso em: 19 out. 2020.
ARRIGHI, G. *Adam Smith em Pequim*: origens e fundamentos do século XXI. São Paulo: Boitempo, 2008.
ARRIGHI, G. *O longo século XX*: dinheiro, poder e as origens de nosso tempo. Rio de Janeiro; São Paulo: Contraponto/Ed. Unesp, 2013.
ATLANTIC COUNCIL. About the Atlantic Council, 2019. Disponível em: https:// atlanticcouncil.org/about/. Acesso em: 21 jan. 2021.
ATLANTIC COUNCIL. Lessons from Brazil: fighting Corruption amid political turmoil. Atlantic Council, 19 jul. 2017. Disponível em: www.atlanticcouncil.org/event/lessons-from-brazil--fighting-corruption-amid-political-turmoil/; www.youtube.com/watch?v=rR5Yiz84b5c&feature=emb_title. Acesso em: 21 jan. 2021.
ATLAS. *Annual Report 2017*. Arlington (Virgínia): Atlas Network, 2018.
ATLAS NETWORK. Over 500 partners in almost 100 countries around the globe, 2022. Disponível em: https://atlasnetwork.org/partners Acesso em: 16 mar. 2022.
BÄCHTOLD, Felipe. Unanimidade como a do caso de Lula é incomum no TRF-4. Folha de S.Paulo, 31 jan. 2018, p. A4. Disponível em: https://acervo.folha.com.br/leitor.do?numero=48157&anchor=60 77362&origem=busca&originURL=&pd=49a208370a02d69ec1 419e5ecad491ea . Acesso em: 18 mar. 2022.
BAGGIO, Kátia Gerab. Entre 2013 e 2016: das "jornadas de junho" ao golpe. *In:* CASTRO, H. M. M. de *et al.* (eds.) *Historiadores pela democracia*: o golpe de 2016: a força do passado. São Paulo: Alameda, 2016.
BANDEIRA, Luiz Alberto Moniz. *A desordem mundial*: o espectro da total dominação: guerras por procuração, terror, caos e catástrofes humanitárias. Rio de Janeiro: Civilização Brasileira, 2016a.
BANDEIRA, Luiz Alberto Moniz. *A segunda Guerra Fria*: geopolítica e dimensão estratégica dos Estados Unidos: das rebeliões na Eurásia à África do Norte e ao Oriente Médio. Rio de Janeiro: Civilização Brasileira, 2013.

BANDEIRA, Luiz Alberto Moniz. *Formação do império americano*: da guerra contra a Espanha à guerra no Iraque. Rio de Janeiro: Civilização Brasileira, 2005.

BANDEIRA, Luiz Alberto Moniz. Moniz Bandeira denuncia apoio dos EUA a golpe no Brasil (entrevista). *In*: PRONER, C. *et al.* (eds.) *A resistência internacional ao golpe de 2016*. Bauru: Canal 6 Editora: Instituto Joaquín Herrera Flores: Instituto Defesa da Classe Trabalhadora, 2016b.

BARBÉ, Carlos. Golpe de Estado. *In*: BOBBIO, N; MATTEUCCI, N; PASQUINO, G. (eds.) *Dicionário de política*. 13. ed. Brasília: Editora Universidade de Brasília, 2010.

BARBOSA, Flávia. Nos passos de Bush: governo Obama mantém monitoramento de ligações e internet de milhões nos EUA. *O Globo*, 7 jun. 2013, p. 31. Disponível em: https://acervo.oglobo.globo.com/consulta-ao-acervo/?navegacaoPorData=201020130607 Acesso em: 17 mar. 2022.

BERRINGER, Tatiana. *A burguesia brasileira e a política externa nos governos FHC e Lula*. Curitiba: Editora Appris, 2015.

BERZINA, Ieva. *Color Revolutions:* Democratization, hidden influence, or warfare? Riga: National Defense Academy of Latvia, 2014.

BIANCHI, Álvaro. Golpe de Estado, o conceito e sua história. *In*: FREIXO, A. de; MACHADO, R. P. (eds.). *Brasil em transe*: Bolsonarismo, nova direita e desdemocratização. Rio de Janeiro: Oficina Raquel, 2019. (Coleção Pensar Político).

BILENKY, Thais. "Não temos receio algum de um governo Bolsonaro", afirma presidente do CNI. *Folha de S.Paulo*, Poder, Eleições 2018, 19 jul. 2018, p. A4. Disponível em: https://acervo.folha.com.br/leitor.do?numero=48376&anchor=6093603&origem=busca&originURL=&pd=ea5d1e49905ec9be0ce0fbc8fcd6cb03 Acesso em: 18 mar. 2022.

BOITO JR., Armando. As facetas ocultas da Lava Jato. *Le Monde Diplomatique Brasil*, São Paulo, v. 146, n. 13, set. 2019.

BOLSONARO, Jair. Haddad, o criador do kit-gay: Vamos mudar o rumo da educação. YouTube, *Jair Bolsonaro*, 1 out. 2018. Disponível em: www.youtube.com/watch?v=RLaXUWxrVJQ. Acesso: 6 dez. 2020.

BORON, Atilio A. A questão do Imperialismo. *In*: BORÓN, A. A.; AMADEO, J.; GONZALEZ, S. (eds.) *A teoria marxista hoje*: problemas e perspectivas. Buenos Aires: CLACSO, 2007, p. 28.

BRATSIS, Peter. A corrupção política na era do capitalismo transnacional. *Crítica Marxista*, Campinas, v. 44, p. 22, 2017.
BRÉVILLE, Benoît.; LAMBERT, Renaud. Dar um sermão para o mundo ou transformá-lo? *Le Monde Diplomatique Brasil*, São Paulo, v. 146, n. 13, p. 4-5, set. 2019.
BRÍGIDO, Carolina; SOUZA, André de. "Pode ser, mas absolvo." Lewandowski não descarta crime de Dirceu, mas diz não haver prova; outros três condenam. *O Globo*, País, 5 out. 2012, p. 3. Disponível em: https://acervo.oglobo.globo.com/consulta-ao-acervo/?navegacaoPorData=201020121005 Acesso em: 18 mar. 2022.
BRÍGIDO, Carolina; SOUZA, André de. Nova regra, de novo. STF barra prisão após 2ª instância. Lula e outros 14 réus da Lava Jato podem ser soltos. *O Globo*, País, 8 nov. 2019, p. 4. Disponível em: https://acervo.oglobo.globo.com/consulta-ao-acervo/?navegacaoPorData=201020191108 Acesso em: 18 mar. 2022.
BRÍGIDO, Carolina; CARVALHO, Cleide. Em decisão, Fux "vislumbra" Lula inelegível. *O Globo*, Eleições 2018, 2 ago. 2018, p. 5. Disponível em: https://acervo.oglobo.globo.com/consulta-ao-acervo/?navegacaoPorData=201020180802 Acesso em: 18 mar. 2022.
CAMPONEZ, Patrik; COUTINHO, Mateus; BRESCIANI, Eduardo. No primeiro dia, presidente prestigia militares. *O Globo*, País, 3 jan. 2019, p. 6. Disponível em: https://acervo.oglobo.globo.com/consulta-ao-acervo/?navegacaoPorData=201020190103 Acesso em: 18 mar. 2022.
CAROS AMIGOS. *Caros Amigos*, São Paulo, v. 216, n. 18, p. 24-28, mar. 2015.
CARDOSO, Sílvia Alvarez. *Golpe de Estado no século XXI*: o caso de Honduras (2009) e a recomposição hegemônica neoliberal. Mestrado (dissertação) Brasília: Instituto de Ciências Sociais, Universidade de Brasília, 2016.
CAROS AMIGOS. *Caros Amigos*, São Paulo, v. 216, n. 18, p. 24-28, mar. 2015.
CARVALHO, Olavo de. A história oficial de 1964. *O Globo*, 19 jan. 1999, p. 7. Disponível em: https://acervo.oglobo.globo.com/consulta-ao-acervo/?navegacaoPorData=199019990119. Acesso em: 17 mar. 2022.
CASARA, Rubens. R. R. *Estado pós-democrático*: neo-obscurantismo e gestão dos indesejáveis. 3. ed. Rio de Janeiro: Civilização Brasileira, 2018.

CASIMIRO, Flávio. H. C. *A nova direita*: aparelhos de ação política e ideológica no Brasil contemporâneo. São Paulo: Expressão Popular, 2018.
CATRACA LIVRE. Bolsonaro: trabalhador terá que escolher entre direito e emprego. Catraca Livre, 5 maio 2020. Disponível em: https://catracalivre.com.br/cidadania/bolsonaro-trabalhador-tera--que-escolher-entre-direito-e-emprego/ Acesso em: 2 out. 2021.
CAVALCANTE, Sávio.; ARIAS, Santiane. A divisão da classe média na crise política brasileira (2013-2016). *In*: BOUFFARTIGUE, P. *et al.* (eds.). *O Brasil e a França na mundialização neoliberal*: mudanças políticas e contestações sociais. São Paulo: Alameda, 2019.
CHALHOUB, Sidney. A "velha corrupção": carta aberta aos jovens sobre as eleições. *In*: MATTOS, Helena. *et al.* (eds.) *Historiadores pela democracia*: o golpe de 2016: a força do passado. São Paulo: Alameda, 2016.
CHALOUB, Jorge. As duas faces da corrupção no Brasil. *Le Monde Diplomatique Brasil*, São Paulo, v. 146, n. 13, set. 2019.
CHALOUB, Jorge. Um olhar sobre a instável hegemonia da direita radical. *Le Monde Diplomatique Brasil*, São Paulo, v. 136, n. 12, p. 6-7, nov. 2018.
CHALOUB, Jorge; LIMA, Pedro L. Os Juristas Políticos e suas Convicções: para uma anatomia do componente jurídico do golpe de 2016 no Brasil. *Revista Brasileira de Ciências Sociais*, Fortaleza, v. 49, n. 1, p. 202-252, 2018.
CERIONI, Clara. Dallagnol pediu passagem no Beach Park como condição para palestrar. *Exame*, 16 jul. 2019. Disponível em: https://exame.com/brasil/dallagnol-pediu-passagem-no-beach-park-como--condicao-para-palestrar/ Acesso em: 6 jun. 2020.
CLAUSEWITZ, Carl von. *Da guerra*: a arte da estratégia. São Paulo: Tahyu, 2005.
COELHO, André Luiz. *Por que caem os presidentes?*: contestação e permanência na América latina. Doutorado (tese). Rio de Janeiro: Instituto de Estudos Sociais e Políticos, Universidade do Estado do Rio de Janeiro, 2013.
COELHO, André Luiz. Um novo modelo de destituição de mandatários ou a releitura de velhas práticas? Reflexões sobre a instabilidade presidencial contemporânea na América. *Revista Brasileira de Estudos Políticos*, Belo Horizonte, v. 113, dez. 2016.

COELHO, André Luiz.; MENDES, Mateus. A sofisticação do neogolpismo: dos protestos de 2013 à destituição de Dilma Rousseff. *Sul Global*, Rio de Janeiro, v. 1, p. 21, 2020.

COELHO, André Luiz; MONTEIRO, L. V. O retorno da direita na América Latina: estratégias institucionais e neogolpismo. *In*: 9º Congresso da Associação Latino-Americano de Ciência Política (Alacip). Montevidéu: 2017.

COELHO, André. Luiz.; SANTOS, Vinicius. O primeiro ano da Política Externa de Temer e a desconstrução das últimas décadas, 10 abr. 2017. Disponível em: https://revistaescuta.wordpress.com/2017/04/10/o-primeiro-ano-da-politica-externa-de-temer-e-a-desconstrucao-das-ultimas-decadas/ Acesso em: 28 set. 2020.

COMO A ANTICORRUPÇÃO VIROU BANDEIRA POLÍTICA DO DEPARTAMENTO DE ESTADO. Direção de Luíz Nassif e Cíntia Alves. GGN: São Paulo, 2020a. Online. 17min.55s. Colorido. (Lava Jato B – Ep. 1). Disponível em: www.youtube.com/watch?v=X7rzUEjKVos&t=136s. Acesso em: 20 jan. 2022.

COMO A ANTICORRUPÇÃO VIROU BANDEIRA POLÍTICA DO DEPARTAMENTO DE ESTADO. Direção de Luíz Nassif e Cíntia Alves. GGN: São Paulo, 2020b. Online. 21min.15s. Colorido. (Lava Jato B – Ep. 2). Disponível em: www.youtube.com/watch?v=AjitiOPUztQ. Acesso em: 20 jan. 2022.

COSPITO, G. Hegemonia. *In*: LIGUORI, G.; VOZA, P. (eds.) *Dicionário Gramsciano*. São Paulo: Boitempo, 2017.

COSTA, Paula Cesarino. O que é ser de extrema-direita. A diferença de tratamento a Bolsonaro na imprensa brasileira e na mundial. *Folha de S.Paulo*, Eleições 2018, Ombudsman, 14 out. 2018, p. A6. Disponível em: https://acervo.folha.com.br/leitor.do?numero=48487&anchor=6102191&origem=busca&originURL=&pd=91650b8be88a55e70635efb6ac690620 Acesso em: 18 mar. 2022.

COX, Robert W. Gramsci, hegemonia e relações internacionais: um ensaio sobre o método. *In*: GILL, S. (ed.). *Internacionalização e democratização*: Europa Meridional, América Latina e a crise econômica mundial. Rio de Janeiro: Editora UFRJ, 2007.

CURY, Anay; BRITO, Carlos. Desemprego fica em 11,8% no 4º trimestre de 2017. Globo.com, G1, 31 jan. 2018. Disponível em: https://g1.globo.com/economia/noticia/desemprego-fica-em-118-no-4-trimestre-de-2017.ghtml. Acesso em: 14 jan. 2021.

DATAFOLHA INSTITUTO DE PESQUISAS. Aprovação do governo Dilma Rousseff cai 27 pontos em três semanas. *Data Folha*, São Paulo, 29 jun. 2013. Disponível em: http://datafolha.folha.uol.com.br/opiniaopublica/2013/06/1303659-aprovacao-a-governo-dilma-rousseff-cai-27-pontos-em-tres-semanas.shtml. Acesso em: 10 out. 2020.

DELGADO, Guilherme Costa; CASTRO, Jorge Abrahão de. Direitos sociais no Brasil sob risco de desconstrução. *Boletim de Políticas Sociais*, Brasília, v. 9, p. 146-151, 2004.

DIP, Andrea. (Agência Pública) Bancada Evangélica cresce e mistura política e religião no Congresso. *UOL Notícias*, 19 out. 2015. Disponível em: https://noticias.uol.com.br/politica/ultimas-noticias/2015/10/19/bancada-evangelica-cresce-e-mistura-politica-e-religiao-no-congresso.htm. Acesso em: 24 nov.2 020.

DEPARTMENT OF DEFENSE (Estados Unidos). Training Circular 18-01, 30 nov. 2010. Disponível em: https://nsnbc.files.wordpress.com/2011/10/special-forces-uw-tc-18-01.pdf. Acesso em: 25 set. 2020.

DOWNS, Anthony. *Uma teoria econômica da democracia*. São Paulo: Edusp, 1999.

EAGLETON, Terry. *Ideologia*: uma introdução. São Paulo: Boitempo, 2019.

ELLIS, Robert Evan. *The influence of extra-hemispheric actors on the crisis in Venezuela*. Washington: Foreign Affairs Committee U.S. House of Representatives, 2017. Disponível em: https://docs.house.gov/meetings/FA/FA07/20170913/106398/HHRG-115-FA07-Wstate-EllisR-20170913.pdf. Acesso em: 10 jan. 2022.

EMPOLI, Giuliano da. *Os engenheiros do caos*: como as *fake news*, as teorias da conspiração e os algoritmos estão sendo utilizados para disseminar ódio, medo e influenciar eleições. São Paulo: Vestígio, 2019.

FAIRBANKS, Charles H. Georgia's Rose Revolution. *Journal of Democracy*, Washington, v. 15, n. 2, p. 110-124, 2004.

FANG, Lee. Esfera de influência: como os libertários americanos estão reinventando a política latino-americana. *The Intercept Brasil*, 11 ago. 2017. Disponível em: https://theintercept.com/2017/08/11/esfera-de-influencia-como-os-libertarios-americanos-estao-reinventando-a-politica-latino-americana/ Acesso em: 11 jan. 2022.

FABRETTI, Humberto; CASARA, Rubens; ALMEIDA, Frederico de; JARDIM, Afrânio Silva. Para juristas, condução de Lula foi ilegal e espetacularizada. *Justificando*, 4 mar. 2016. Disponível em: https://portal-justificando.jusbrasil.com.br/noticias/312331335/para-juristas-conducao-de-lula-foi-ilegal-e-espetacularizada. Acesso: 3 dez. 2020.

FERES JR., João; SASSARA, Luna de Oliveira. Corrupção, escândalos e a cobertura midiática da política. *Novos estudos Cebrap*, São Paulo, v. 35, n. 2, p. 205-225, jul. 2016.

FERNANDES, Fernando Augusto. *Geopolítica da intervenção*: a verdadeira história da Lava Jato. São Paulo: Geração Editorial, 2020.

FERNANDES, Leonardo. Delação de Palocci evidencia métodos de tortura da operação Lava Jato. *Brasil de Fato*, São Paulo, 27 abr. 2018. Disponível em: https://brasildefato.com.br/2018/04/27/delacao-de-palocci-revela-metodos-de-tortura-da-operacao-lava-jato. Acesso em: 23 out. 2020.

FERNANDES, Luan A. Vasconcelos. Professores universitários na mira das ditaduras: A repressão contra os docentes da UFMG (Brasil, 1964-1969) e da UTE (Chile, 1973-1981) no contexto das reformas do ensino superior. Doutorado (tese). Belo Horizonte: Universidade Federal de Minas Gerais, 2016.

FERNANDES, Sabrina. *Sintomas mórbidos*: a encruzilhada da esquerda brasileira. São Paulo: Autonomia Literária, 2019.

FIORI, José Luís. *A síndrome de Babel e a disputa do poder global*. Petrópolis: Vozes, 2020.

FIORI, José Luís. Estados, moeda e desenvolvimento. *In*: FIORI, J. L. (ed.) *Estados e moedas no desenvolvimento das nações*. 4. ed. Petrópolis: Vozes, 2012b. (Coleção Zero à Esquerda).

FIORI, José Luís. Introdução: de volta à questão da riqueza de algumas nações. *In*: FIORI, J. L. (ed.) *Estados e moedas no desenvolvimento das nações*. 4. ed. Petrópolis: Vozes, 2012a. (Coleção Zero à Esquerda).

FOLHA DE S.PAULO. Lava Jato desconfiou de empreiteiro que acusou Lula, indicam mensagens. *Folha de S.Paulo/The Intercept Brasil*, 30 jun. 2019, p. A4. Disponível em: https://acervo.folha.com.br/leitor.do?numero=48795&keyword=Leo%2CPinheiro&anchor=6122771&origem=busca&originURL=&pd=39afa6a63c987d28a51d55f3049bf475 Acesso em: 18 mar. 2022.

FOLHA DE S.PAULO. Protesto contra Temer em Brasília acaba em violência. *Folha de S.Paulo*, 25 maio 2017, p. 1. Disponível em:

https://acervo.folha.com.br/leitor.do?numero=47838&keyword=Protesto%2CTemer%2CBrasilia%2Cacaba&anchor=6053713&origem=busca&originURL= Acesso em: 18 mar. 2022.

FOLHA DE S.PAULO. Juros na crise. Editorial. *Folha de S.Paulo*, 29 abr. 2017, p. A2. Disponível em: https://acervo.folha.com.br/leitor.do?numero=47844&keyword=reformas&anchor=6054267&origem=busca&originURL=&pd=390d631a73f8dcd6ebb58de0a2967cbc Acesso em: 18 mar. 2022.

FOLHA DE S.PAULO. Governo de SP diz que será mais duro contra vandalismo. Folha de S.Paulo, 13 jun. 2013, p. A2. Disponível em: www1.folha.uol.com.br/fsp/cp13062013.shtml. Acesso em: 17 mar. 2022.

FOLHA DE S.PAULO. Quinto protesto contra o aumento das tarifas. *Folha de S.Paulo*, 17 jun. 2013, p. C4. Disponível em: https://fotografia.folha.uol.com.br/galerias/17045-quinto-protesto-contra-o-aumento-das-tarifas Acesso em: 16 mar. 2022.

FOLHA DE S.PAULO. EUA definem nova embaixada no Brasil. *Folha de S.Paulo*, 7 jun. 2013, p. A 11. Disponível em: www1.folha.uol.com.br/paywall/login.shtml?https://www1.folha.uol.com.br/fsp/mundo/112716-eua-definem-nova-embaixadora-no-brasil.shtml. Acesso em: 17 mar. 2022.

FOLHA DE S.PAULO. Milhares vão às ruas "contra tudo"; grupos atingem palácios. *Folha de S.Paulo*, 18 jun. 2013, p. A-2. Disponível em: www1.folha.uol.com.br/fsp/cp18062013.shtml. Acesso em: 17 mar. 2022.

FOLHA DE S.PAULO. Sem Lula, Bolsonaro lidera e quatro disputam 2º lugar. Folha de S.Paulo, 31 jan. 2018, p. 1. Disponível em: https://acervo.folha.com.br/leitor.do?numero=48158&anchor=6077417&origem=busca&originURL= Acesso em: 18 mar. 2022.

FÓRUM. Serra se enrola e inclui Argentina entre os Brics. *Fórum*, 17 set. 2016. Disponível em: https://revistaforum.com.br/noticias/serra-se-enrola-e-inclui-argentina-entre-os-brics/ Acesso: 1 maio 2020.

FONSECA, Francisco. A mídia contra a democracia. *Le Monde Diplomatique Brasil*, São Paulo, v. 63, n. 6, p. 22-23, out. 2012.

FONSECA, Francisco. Mídia, poder e democracia: teoria e práxis dos meios de comunicação. *Revista Brasileira de Ciência Política*, Brasília, n. 6, p. 41-69, dez. 2011.

FORTES, A. Movimentos de 2013 e os novos desafios da esquerda brasileira. *In*: FREIXO, Adriano de (ed.) *Manifestações no Brasil*:

as ruas em disputa. Rio de Janeiro: Oficina Raquel, 2016. (Coleção Pensar Político).

FREITAS, Ilton. *Guerra híbrida contra o Brazil*. Porto Alegre: Liquidbook, 2019.

FUKUYAMA, Francis. *O fim da história e o último homem*. 1. ed. Rio de Janeiro: Rocco, 1992.

FUSER, Igor. Golpismo nicaraguense tira a máscara. *Opera Mundi*, 25 abr. 2018. Disponível em: https://operamundi.uol.com.br/politica-e-economia/49278/igor-fuser-golpismo-nicaraguense-tira-a-mascara. Acesso em: 7 jan. 2022.

FUSER, Igor.; CASTRO, Fábio. Bolívia: o golpismo sob prova das urnas. *Fundação Lauro de Campos e Marielle Franco*, 3 out. 2020. Disponível em: http://laurocampos.org.br/2020/10/03/bolivia-o-golpismo-sob-prova-das-urnas/ Acesso em: 21 out. 2020.

GIOVANAZ, Daniel. Agente da CIA? Treinando pelo FBI? Um raio-x da relação Moro-EUA – sob a poeira da 'teoria da conspiração', existe um jogo de interesses de alto risco para o país. *Brasil de Fato*, Curitiba, 5 jun. 2017. Disponível em: www.brasildefatopr.com.br/2017/06/05/agente-da-cia-treinado-pelo-fbi-um-raio-x-da-relacao-moro-eua. Acesso em: 11 mar. 2022.

GOÉS, Bruno; ROXO, Sérgio. Mobilização antigoverno foi 13 vezes maior que a de ontem. Atos a favor de Dilma e Lula levaram 275 mil às ruas em todos os estados. O Globo/G1, 19 mar. 2016. Disponível em: https://acervo.oglobo.globo.com/consulta-ao-acervo/?navegacaoPorData=201020160319 Acesso em: 18 mar. 2022.

GLOBO. Bolsonaro reconhece Juan Guaidó como presidente da Venezuela. Globo.com, G1, Brasília, 23 jan. 2019. Disponível em: https://g1.globo.com/politica/noticia/2019/01/23/brasil-diz-que-reconhece-juan-guaido-como-presidente-da-venezuela.ghtml. Acesso em: 15 mar. 2022.

GLOBO. Entenda como a ajuda humanitária oferecida à Venezuela ficou no centro da disputa política no país. Globo.com, *G1*, 21 fev. 2019. https://g1.globo.com/mundo/noticia/2019/02/21/entenda-como-a-ajuda-humanitaria-oferecida-a-venezuela-ficou-no-centro-da-disputa-politica-no-pais.ghtml. Acesso: 17 jun. 2020.

GLOBO. Desemprego recua para 4,3% em dezembro de 2013, diz IBGE. Globo.com, *G1*, São Paulo, 30 jan. 2014. Disponível em: http://g1.globo.com/economia/noticia/2014/01/desemprego-fica-em-43-em-dezembro-diz-ibge.html Acesso em: 14 jan. 2021.

GLOBO. Ações paramilitares na Colômbia. *O Globo*, p. 32, 22 set. 2019.
GLOBO. O Brasil nas ruas. *O Globo*, 18 jun. 2013, p. 18. Disponível em: https://acervo.oglobo.globo.com/consulta-ao-acervo/?navegacaoPorData=201020130618. Acesso em: 17 mar. 2022.
GLOBO. Países da ONU recomendam fim da Polícia Militar no Brasil. *G1*, 30 maio 2012. Disponível em: http://g1.globo.com/mundo/noticia/2012/05/paises-da-onu-recomendam-fim-da-policia-militar-no-brasil.html. Acesso: 13 jan. 2021.
GREENWALD, Glenn; KAZ, Roberto; CASADO, José. Na teia da espionagem: Agência de Inteligência americana monitorou milhões de comunicações no Brasil. *O Globo*, Mundo, 7 jul. 2013, p. 36-37. Disponível em: https://acervo.oglobo.globo.com/consulta-ao-acervo/?navegacaoPorData=201020130707. Acesso em: 17 mar. 2022.
GORI. *In*: BOBBIO, N; MATTEUCCI, N; PASQUINO, G. (eds.) *Dicionário de política*. 13. ed. Brasília: Editora Universidade de Brasília, 2010.
HAESBAERT, Rogério. *O mito da desterritorialização*: do "fim dos territórios" à multiterritorialidade. 10. ed. Rio de Janeiro: Bertrand Brasil, 2016.
HALLIDAY, Fred. *Repensando as relações internacionais*. Porto Alegre: UFRGS, 2007.
HARVEY, David. *O neoliberalismo*: história e implicações. São Paulo: Loyola, 2008.
HARVEY, David. *O novo imperialismo*. São Paulo: Loyola, 2011.
HARVEY, David. *Os limites do capital*. São Paulo: Boitempo, 2013.
HAYEK, Friedrich August von. *O caminho da servidão*. São Paulo: Instituto Ludwig von Mises Brasil, 2010.
HEYWOOD, Andrew. *Ideologias políticas*: do liberalismo ao fascismo. São Paulo: Ática, 2010.
HOBDEN, Stephen.; JONES, Richard. Wyn. Marxist theories of International Relations. *In*: BAYLLIS, J.; SMITH, S. (eds.) *The globalization of world politics*: an introduction to International Relations. Oxford: Oxford University Press, 2008.
HOBSBAWM, Eric. *Era dos extremos*: o breve século XX: 1914-1991. 2. ed. 50ª reimp. São Paulo: Companhia das Letras, 2013.
HOCHSTETLER, Kathryn. Repensando o presidencialismo: contestações e quedas de presidentes na América do Sul. *Lua Nova: Revista de Cultura e Política*, São Paulo, n. 72, p. 9-46, 2007.

HOFFMAN, Frank G. *Conflict in the 21th Century*: the rise of the hybrid wars. Arlington (Virgínia): Potomac Institute for Policy Studies, 2007.
HUXLEY, Aldous. *Admirável mundo novo*. São Paulo: Editora Globo, 1946
INSTITUTO ECONÔMICO DE PESQUISA APLICADA (Ipea). Conheça o Brics. Disponível em: https://ipea.gov.br/forumbrics/pt-BR/conheca-os-brics.html Acesso em: 15 mar. 2022.
JARDIM, Lauro. "Tem que manter isso, viu?" Temer avaliza mesada a Cunha. Dono da JBS grava presidente aprovando pagamentos pelo silêncio do ex-presidente da Câmara. *O Globo*, País, 18 maio 2017, p. 3. Disponível em: https://acervo.oglobo.globo.com/consulta-ao-acervo/?navegacaoPorData=201020170518 Acesso em: 18 mar. 2022.
KALDOR, Mary. *New and old wars*: organized violence in a global era. Cambridge: Polity Press, 2012.
KAZ, Roberto. Petrobras na mira: maior empresa do país foi alvo de espionagem da Agência Nacional de Segurança dos EUA. *O Globo*, 9 set. 2013, p. 3-4. Disponível em: https://acervo.oglobo.globo.com/consulta-ao-acervo/?navegacaoPorData=201020130909 Acesso em: 17 mar. 2022.
KISSINGER, Henry. *Diplomacia*. São Paulo: Saraiva, 2012.
KORYBKO, Andrew. Brasil é alvo de guerra híbrida, diz analista. *Tutameia*, 18 out. 2018b. Disponível em: https://tutameia.jor.br/brasil-e-alvo-de-guerra-hibrida/ Acesso em: 14 jan. 2022.
KORYBKO, Andrew. *Guerras híbridas*: das revoluções coloridas aos golpes. São Paulo: Expressão Popular, 2018a.
Kurmanaev, Anatoli; TRIGO, María Silvia. A bitter ellection. Accusations of fraud. And now second thought. *The New York Times*, 7 jun. 2020. Disponível em: www.nytimes.com/2020/06/07/world/americas/bolivia-election-evo-morales.html. Acesso: 10 set. 2020.
LARRAIN, Jorge. Ideologia. *In*: BOTTOMORE, Tom (ed.) *Dicionário do pensamento marxista*. Rio de Janeiro: Zahar, 2012.
LATINOBARÓMETRO. Informe 1995-2015. Santiago do Chile, [s.n.].
LEIRNER, Piero C. *O Brasil no espectro de uma guerra híbrida*: militares, operações psicológicas e política em uma perspectiva etnográfica. São Paulo: Alameda Casa Editorial, 2020.
LENIN, Vladimir Ilitch. *Imperialismo*: estágio superior do capitalismo. São Paulo: Expressão Popular, 2012.

LENIN, Vladimir Ilitch. *Que fazer?* A organização como sujeito político. São Paulo: Martins Fonte, 2006.

LIGUORI, Guido; VOZA, Pasquale (org.) *Dicionário Gramsciano* (1926-1937). São Paulo: Boitempo, 2017.

LIMA, Daniela. Toque de recolher. *Folha de S.Paulo*, Eleições 2018, Painel, 6 out. 2018, p. A6. Disponível em: https://acervo.folha.com.br/leitor.do?numero=48478&anchor=6101463&origem=busca&originURL=&pd=bf4ed39429ca05f7a2a7a00cb9b528f7 Acesso em: 18 mar. 2022.

LIMA, Martonio Mont'Alverne Barreto. O golpe de 2016 no Brasil e os Brics. *In*: PRONER, C. *et al*. (eds.) *A resistência internacional ao golpe de 2016*. Bauru: Canal 6 Editora; Instituto Joaquín Herrera Flores; Instituto Defesa da Classe Trabalhadora, 2016.

LIMA, Venício de. A direita e os meios de comunicação. *In*: CRUZ, S. V. E; KAYSEL, A.; CODAS, G. (eds.). *Direita, volver!* o retorno da direita e o ciclo político brasileiro. São Paulo: Fundação Perseu Abramo, 2015.

LOSURDO, Domenico. *Fuga da história?* A Revolução Russa e a Revolução Chinesa vistas de hoje. Rio de Janeiro: Revan, 2004.

LOSURDO, Domenico. *A luta de classe:* uma história política e filosófica. São Paulo: Boitempo, 2015.

LOWE, David. History. *National Endowment for Democracy* (NED), s/d. Disponível em: www.ned.org/about/history/#1. Acesso em: 30 dez. 2020.

LUPION, Bruno. Como procuradores-gerais são escolhidos pelo mundo. *Deutsche Welle* (DW Brasil), 17 set. 2019. Disponível em: www.dw.com/pt-br/como-procuradores-gerais-s%C3%A3o-escolhidos--pelo-mundo/a-50445739. Acesso em: 4 dez. 2020.

MAAR, Wolfgang L. A contrarrevolução no Brasil. *Le Monde Diplomatique Brasil*, São Paulo, v. 128, n. 11, p. 10-11, mar. 2018.

MACFARLANE, Neill. O "R" dos Brics: a Rússia é uma potência emergente? *In*: HURRELL, Andrew (ed.) *Os Brics e a ordem global*. FGV de bolso. Rio de Janeiro: FGV Editora, 2009. (Série Entenda o Mundo).

MACKINNON, Mark A. *The new cold war*: revolutions, rigged elections and pipeline politics in the former Soviet Union. Toronto: Vintage Canada, 2010.

MAJEROWICZ, Esther. A China e a Economia Política Internacional da Tecnologias da Informação e Comunicação. [Texto para discussão]. Natal, Departamento de Economia da UFRN, 2019.

MALAFAIA, Silas. Bolsonaro prova que Haddad é o pai do Kit Gay. YouTube, *Silas Malafaia Oficial*, 10 out. 2018. Disponível em: www.youtube.com/watch?v=DfzoQ_bkRII. Acesso em: 6 dez. 2020.

MAQUIAVEL, Nicolau. *Da arte da guerra*. São Paulo: Martin Claret, 2015.

MAQUIAVEL, Nicolau. *O príncipe*. Porto Alegre: L&PM, 2013.

MARCETIC, Branko. Negroponte's crimes. *Jacobin*, 19 ago. 2016. Disponível em: www.jacobinmag.com/2016/08/negroponte-honduras-nicaragua-contras-reagan-clinton Acesso: 21 nov. 2020.

MARTINS, Carlos Eduardo. A teoria marxista da dependência à luz de Marx e do capitalismo contemporâneo. *Caderno CRH*, Salvador, v. 31, n. 84, p. 463-481, dez. 2018.

MARTINS, Helena. *Comunicações em tempos de crise*: economia e política. São Paulo: Expressão Popular, 2020. (Coleção Emergências).

MARTINS, Rafael Moro; AUDI, Amanda; DEMORI, Leandro; GREENWALD, Glenn. Lava Jato fingiu investigar FHC apenas para criar percepção pública de imparcialidade, mas Moro respondeu: "Melindra alguém cujo apoio é importante". *The Intercept Brasil*, 18 jun. 2019. Disponível em: https://theintercept.com/2019/06/18/lava-jato-fingiu-investigar-fhc-apenas-para-criar-percepcao-publica-de-imparcialidade-mas-moro-repreendeu-melindra-alguem-cujo-apoio-e-importante/. Acesso: 06.jun.2020.

MARX, Karl. *O 18 de brumário de Luís Bonaparte*. São Paulo: Boitempo, 2011.

MASCARO, Alisson Leandro. Forma e estrutura do internacional: capitalismo, Direito Internacional e Relações Internacionais. *In*: DAVID, T. D.; SILVA, M. B. O. (eds.) *Marxismo, Direito e Relações Internacionais*. Rio de Janeiro: Lumen Juris, 2019.

MATHIAS, Suzeley Kalil; ZAGUE, José Augusto; SANTOS, Leandro Fernandes Sampaio. A política militar brasileira no governo Dilma Rousseff: o discurso e a ação. *Opinião Pública*, Campinas, v. 25, n. 1, p. 136-168, abr. 2019.

MAZZUOLI, Valério de Oliveira. *Curso de Direito Internacional Público*. 11. ed. Rio de Janeiro: Editora Forense, 2018.

MELLO, Patrícia Campos. Empresários bancam campanha contra o PT pelo WhatsApp. *Folha de S.Paulo*, Eleições 2018, 18 out. 2018,

p. A4. Disponível em: https://acervo.folha.com.br/leitor.do?nume ro=48491&anchor=6102436&origem=busca&originURL=&pd= 8807bb509458f102adbe4e424f0ee9ad Acesso em: 18 mar. 2022.

MENDES, Mateus. A Revolução Canarinho. *Brasil 247*, 11 jul. 2019. Disponível em: https://brasil247.com/blog/a-revolucao-canarinho. Acesso em: 14 jan. 2022.

MENDES, Mateus. Revoluções coloridas e o golpe no Brasil em 2016. *Terra Livre*, São Paulo, n. 51, p. 38, 2018.

MENDES, Mateus; LIMA, Daniel M. G.; FERNANDES, Pedro de A. Lava Jato, neogolpismo e crise de hegemonia: a função da "luta contra a corrupção". *In:* LOUREIRO, Gustavo do A. (org.). *Estado, democracia e sociedade*. Belo Horizonte: Initia Via, 2020.

MEYSSAN, T. La Albert Einstein Institution: no violencia según la CIA. *Voltaire Net*, 10 fev. 2005. Disponível em: www.voltairenet. org/article123805.html. Acesso em: 8 jan. 2021.

MEYSSAN, T. Las redes de la injerencia "democrática". *Voltaire Net*, 21 nov. 2004. Disponível em: https://voltairenet.org/article122880. html. Acesso em: 8 jan. 2022.

MIGALHAS. De Curitiba para o mundo: a trajetória de Sergio Moro até a saída do governo Bolsonaro. *Migalhas quentes*, 24 abr. 2020. Disponível em: https://migalhas.uol.com.br/quentes/325426/de- -curitiba-para-o-mundo--a-trajetoria-de-sergio-moro-ate-a-saida- -do-governo-bolsonaro. Acesso em: 5 dez. 2020.

MIGUEL, Luis Felipe. *O colapso da democracia no Brasil*: da Constituição ao golpe de 2016. 1. ed. São Paulo: Fundação Rosa Luxemburgo/ Editora Expressão Popular, 2019. (Coleção Emergências)

MIGUEL, Luis Felipe. *Democracia e representação*: territórios em disputa. São Paulo: Editora Unesp, 2014.

MIGUEL, Luis Felipe. Os meios de comunicação e a prática política. *Lua Nova: Revista de Cultura e Política*, São Paulo, n. 55-56, p. 155-184, 2002.

MIGUEL, Luis Felipe. Poder Judiciário: a ponta de lança da luta de classes. *Le Monde Diplomatique Brasil*, São Paulo, v. 128, n. 11, mar. 2018.

MONTEIRO, Leonardo Valente. Os neogolpes e as interrupções de mandatos presidenciais na América Latina: os casos de Honduras, Paraguai e Brasil. *Revista Brasileira de Ciências Sociais*, Fortaleza v. 49, n. 1, p. 55-97, 2018.

MONTEIRO, T. F. Facções políticas civis nas ditaduras militares do Brasil e Chile: os homens do Ipes e dos "Chicago Boys" (1955-1990). *Ars Historica*, Rio de Janeiro, v. 8, p. 60-80, 2013.

MORAES, Dênis de. O papel da mídia na batalha ideológica da América Latina. Observatorio Latinoamericano y Caribeño, Bueno Aires, n. 1, p. 14-30, 2017.

MORALES, Freddy. El embajador del Brasil participó de las reuniones en la U. Católica donde los sectores que conspiraron contra el gobierno de Evo Morales decidieron poner a Jeanine Añez de Presidenta transitoria: Juan Carlos Núñez de Fundación Jubileo en Radio Deseo/María Galindo. La Paz. 1 out. 2020. Twitter: @Freddytelesur. @teleSURtv

MORO, Sergio. Considerações sobre a operação Mani Pulite. *Revista do Centro de Estudos Judiciários*, Brasília, v. 26, p. 56-62, set. 2004.

MOTA, Camila Veras (*BBC News Brasil*, São Paulo). "Vendi as panelas para comprar o pão e pé de galinha": os relatos da fome no Brasil às vésperas do novo auxílio emergencial menor. *Terra*, 18 mar. 2021. Disponível em: www.terra.com.br/noticias/brasil/vendi-as-panelas-para-comprar-pao-e-pe-de-galinha-os-relatos-da-fome-no-brasil-as-vesperas-do-novo-auxilio-emergencial-menor,e707430ec54e8e9e302e0150419f0ff7gs7qykku.html. Acesso em: 2 out. 2021.

MOTTA, Rodrigo Patto Sá. Anticomunismo, antipetismo e o giro direitista no Brasil. *In*: BOHOSLAVSKY, E. L.; MOTTA, R. P. S.; BOISARD, S. (eds.) *Pensar as direitas na América Latina*. São Paulo: Alameda, 2019.

MOTTA, Rodrigo Patto Sá. Modernizando a repressão: a Usaid e a polícia brasileira. *Revista Brasileira de História*, São Paulo, v. 30, n. 59, p. 237-266, jun. 2010.

NALON, Tai. Onze deputados citam pedaladas fiscais como argumento na votação do *impeachment*. *Aos Fatos*, 19 abr. 2016. Disponível em: www.aosfatos.org/noticias/onze-deputados-citam-pedaladas-fiscais-como-argumento-na-votacao-do-impeachment/ Acesso em: 1 dez. 2020.

NASSIF, Luis. Wikileaks expõe a conexão Lava Jato-EUA. *GGN/Outras Palavras*, 1 abr. 2019. Disponível em: https://outraspalavras.net/outrasmidias/lava-jato-assim-comecou-o-flerte-com-os-estados-unidos/ Acesso em: 6 jun. 2020.

O GLOBO. Isolado, Temer usa Exército após depredações em Brasília. Ato de centrais acaba em vandalismo. *O Globo*, 25 maio 2017, p. 1. Disponível em: https://acervo.oglobo.globo.com/consulta-ao-acervo/?navegacaoPorData=201020170525 Acesso em: 18 mar. 2022.

O GLOBO. A "greve geral" das corporações. *O Globo*, Opinião, 29 abr. 2017, p. 18. Disponível em: https://acervo.oglobo.globo.com/consulta-ao-acervo/?navegacaoPorData=201020170429 Acesso em: 18 mar. 2022.

O NEGÓCIO DA REVOLUÇÃO. The Revolution Bussiness. Direção Thomas Rützler e Romana Meslitzer. Surrey, Journeyman Pictures, 2011. Disponível em: https://vk.com/video-183047728_456239024. Acesso em: 20 jan. 2022.

ORGANIZAÇÃO DOS ESTADOS AMERICANOS (OEA). ONU Direitos Humanos e OEA Comissão Interamericana de Direitos Humanos (CIDH) condenam uso excessivo de força durante as manifestações sociais e durante operativos de segurança no Brasil. Comissão Interamericana de Direitos Humanos (OEA), 26 maio 2017. Disponível em: www.oas.org/pt/cidh/prensa/notas/2017/069.asp. Acesso em: 2 dez. 2020.

PAIVA, H.; GAVIÃO, L.; PRONER, Carol. As causas estruturais do golpe de 2016: ódio de classe, interesses geopolíticos e crise política. *In*: PRONER, Carol *et al.* (eds.) *A resistência internacional ao golpe de 2016*. Bauru: Canal 6 Editora: Instituto Joaquín Herrera Flores: Instituto Defesa da Classe Trabalhadora, 2016.

PAIVA, Deslange; PAULO, Paula Paiva. Morre mulher quer teve 90% do corpo queimado quando cozinhava com álcool na Grande SP, diz vizinha. *G1*, São Paulo, 27 set. 2021. Disponível em: https://g1.globo.com/sp/sao-paulo/noticia/2021/09/27/morre-mulher-que-teve-90percent-do-corpo-queimado-quando-cozinhava-com-alcool-na-grande-sp-diz-vizinha.ghtml. Acesso em: 2 out. 2021.

PECEQUILO, C. S.; LUQUE, A. A. Estados Unidos e Rússia: convergência e divergência geopolítica (1989-2016). *Meridiano 47 –* Journal of Global Studies, Brasília, v. 17, 30 dez. 2016.

PECK, J. *Ideal illusions*: how the U.S. government co-opted human rights. New York: Metropolitan Books, 2010.

PENIDO, Ana.; Stedile, Miguel Enrique. *Ninguém regula a América*: guerras híbridas e intervenções estadunidenses na América Latina. São Paulo: Expressão Popular, 2021. (Coleção Emergências).

PÉREZ-LIÑÁN, Aníbal. *Presidential impeachment and the new political instability in Latin America*. Cambridge: Cambridge University Press, 2007.
PERISSINOTO, Renato. Por que golpe? *Academia.edu*, 2016. Disponível em: www.academia.edu/29221192/Por_que_golpe. Acesso em: 10 jan. 2022.
PIMENTEL, Tiago.; SILVEIRA, Sérgio Amadeu da. Cartografia de espaços híbridos: as manifestações de junho de 2013. *Escola de redes*, 14 nov. 2013. Disponível em: http://escoladeredes.net/group/a-terceira-invencao-da-democracia/forum/topics/cartografia-de-espacos-hibridos-as-manifestacoes-de-junho-de-2013. Acesso em: 13 jan. 2021.
PINHEIRO, Letícia; LIMA, Maria Regina Soares de. Para onde vai a América do Sul? *Boletim OPSA*, Rio de Janeiro, v. 13, n. 2, p. 4-5, jun. 2018.
PINTO, Céli Regina Jardim. A trajetória discursiva das manifestações de rua no Brasil (2013-2015). *In*: SOLANO, Esther.; ROCHA, Camila (eds.) *As direitas nas redes e nas ruas*: a crise política no Brasil. São Paulo: Expressão Popular, 2019.
PORTA, L. Consenso. *In:* LIGUORI, Guido; VOZA, Pasquale (eds.). *Dicionário Gramsciano*. São Paulo: Boitempo, 2017.
PORTELLA, Paulo Henrique Gonçalves. *Direito Internacional Público e Privado*: incluindo noções de direitos humanos e comunitário. 13. ed. Salvador: JusPODIVM, 2016.
QUEIROZ, Antônio Augusto. O desmonte do Estado de proteção social. *Le Monde Diplomatique Brasil*, São Paulo, v. 117, n. 10, p. 4-5, abr. 2017.
RAFFESTIN, Claude. *Por uma geografia do poder*. Brasília: Ática, 1993.
RAMALHO, Renan. STF rejeita pedido da AGU e mantém votação do *impeachment* no domingo. *G1*, Brasília, 15 abr. 2016. Disponível em: http://g1.globo.com/politica/processo-de-impeachment-de-dilma/noticia/2016/04/stf-rejeita-pedido-da-agu-e-mantem-votacao-do-impeachment-no-domingo.html. Acesso em: 4 dez. 2020.
RAMÍREZ, Hernán R. A configuração das alianças golpistas nas ditaduras de Brasil e Argentina: uma perspectiva a partir da imbricação cívico-militar. *Estudos Ibero-Americanos*, Porto Alegre, v. 38, n. 1, p. 62-80, 2 jul. 2012.
RAMÍREZ, Hernán R. *Os institutos de estudos econômicos de organizações empresariais e sua relação com o Estado em perspectiva comparada*:

Argentina e Brasil, 1961-1996. Doutorado (tese). Porto Alegre: Universidade Federal do Rio Grande do Sul (UFRGS), 2005.

REVERBEL, Paula. Antes do PT, governos limitavam apuração, diz procurador da Lava Jato. Carlos Fernando dos Santos Lima critica possível acordo de leniência com Odebrecht. *Folha de S.Paulo*, p. A7, 31 mar. 2016. Disponível em: https://acervo.folha.com.br/leitor.do?numero=20546&keyword=Ministerio%2CPublico&anchor=6019713&origem=busca&originURL=&pd=d09ec51bddbed78a7389c47d9fe01c01 Acesso em: 15 mar. 2022.

REVISTA CONSULTOR JURÍDICO. Deltan participou de encontro fechado com bancos e investidores. *Conjur*, 26 jul. 2019. Disponível em: www.conjur.com.br/2019-jul-26/deltan-participou-encontro-secreto-bancos-investidores. Acesso em: 6 jun. 2020.

REVISTA CONSULTOR JURÍDICO. Nova empregadora de Moro disse em 2017 que triplex não era de Lula. *Conjur*, 2 dez. 2020. Disponível em: www.conjur.com.br/2020-dez-02/consultoria-moro-disse-2017-triplex-nao-lula. Acesso em: 5 dez. 2020.

ROCHA, Camila. *Menos Marx, mais Mises*: uma gêneses da nova direita brasileira (2006-2018). Doutorado (tese). São Paulo: Universidade de São Paulo, 2018.

ROCHA, Camila. *Think tanks* ultraliberais e nova direita brasileira. *Le Monde Diplomatique Brasil*, São Paulo, v. 124, n. 11, p. 6-7, nov. 2017.

ROUVINSKI, V. Russian-Venezuelan Relations at a Crossroads. *Wilson Center; Kennan Institute*, fev. 2019. Disponível em: https://wilsoncenter.org/sites/default/files/media/documents/publication/russia-venezuela_report_rouvinski_final.pdf. Acesso em: 10 jan. 2022.

SANTOS, Milton. *A natureza do espaço*: técnica e tempo, razão e emoção. 4. ed., 7. reimpr. São Paulo: Editora da Universidade de São Paulo, 2012.

SANTOS, Theotônio dos. *Teoria da dependência*: balanço e perspectivas. Santa Catarina: Insular Livros, 2020.

SANTOS, Wanderley Guilherme dos. *A democracia impedida*: o Brasil no século XXI. Rio de Janeiro: FGV Editora, 2017.

SARAIVA, Miriam Gomes.; SILVA, Álvaro Vicente Costa. Ideologia e pragmatismo na política externa de Jair Bolsonaro. *Relações Internacionais*, Lisboa, n. 64, p. 117-137, dez. 2019.

SAUNDERS, Frances Stonor. *Quem pagou a conta?* A CIA na Guerra Fria cultural. Rio de Janeiro: Record, 2008.

SERRANO, Pedro. *A Justiça na sociedade do espetáculo*: reflexões públicas sobre direito, política e cidadania. São Paulo: Alameda, 2015.

SERRANO, Pedro. *Autoritarismo e golpes na América Latina*: breve ensaio sobre jurisdição e exceção. São Paulo: Alameda, 2016.

SHARP, Gene. *Da ditadura à democracia*: uma estrutura conceitual para a libertação. São Paulo: The Albert Einstein Institution, 2010.

SILVA, Camila Rodrigues da. Dois dias após *impeachment*, governo Temer sanciona lei que autoriza pedaladas fiscais. *Brasil de Fato*, 2 set. 2016.

SILVA, Fabrício Pereira da. *América Latina em seu labirinto*: democracia e autoritarismo no século XXI. Rio de Janeiro: Ponteio, 2019.

SILVA, João Teófilo. As Forças Armadas brasileiras e as heranças da ditadura militar de 1964: cultura política de direita e interdição do passado (1995-2014). *In*: BOHOSLAVSKY, E. L.; MOTTA, R. P. S.; BOISARD, S. (eds.) *Pensar as direitas na América Latina*. São Paulo: Alameda, 2019.

SILVA, Marcos Maurício Alves da; VIDAL, Luisa Orcelli.; ALMEIDA Jr., Guy Pinto de. Golpes de Estado midiáticos na América Latina: os casos de Honduras, Paraguai e Brasil. *Entropia*, Rio de Janeiro, jan-jun. v. 2, n. 2, p. 104-118, 2017.

SIMIONI, Alexandre Arthur. Cavalcante. Uma visão da evolução das guerras modernas: a ameaça da guerra cibernética no conflito de quarta geração. *Revista Marítima Brasileira*, Rio de Janeiro, v. 131, n. 1, p. 202-221, 2011.

SINGER, André. Brasil, junho de 2013: classes e ideologias cruzadas. *Novos Estudos – Cebrap*, São Paulo, v. 97, p. 23-40, nov. 2013.

SINGER, André. Novas expressões do conservadorismo brasileiro (entrevista). *Le Monde Diplomatique Brasil*, São Paulo, v. 63, n. 6, p. 20-21, out. 2012.

SINGER, André. *O lulismo em crise*: um quebra-cabeça do período Dilma (2011-2016). São Paulo: Companhia das Letras, 2018.

SOLER, Lorena; PREGO, Florencia. Derechas y neogolpismo en América Latina. Una lectura comparada de Honduras (2009), Paraguay (2012) y Brasil (2016). *Contemporánea*, Montevideo, p. 33-52, 2019.

SOUZA, Jessé. *A radiografia do golpe*: entenda como e por que você foi enganado. São Paulo: LeYa, 2016.

SOUZA, Beatriz. Veja a íntegra da carta de Edward Snowden aos brasileiros. *Exame*, Brasil, 17 dez. 2013. Disponível em: https://

exame.com/brasil/veja-a-integra-da-carta-de-edward-snowden-aos-brasileiros/ Acesso em: 20 jan. 2021.

STANLEY, Jason. *Como funciona o fascismo*: a política do "nós" e "eles." Porto Alegre: L&PM, 2018.

STOPPINO, M. Ideologia. *In*: BOBBIO, N; MATTEUCCI, N; PASQUINO, G. (eds.) *Dicionário de política*. 13. ed. Brasília: Editora Universidade de Brasília, 2010.

SUN TZU. *A arte da guerra*. Porto Alegre: L&PM, 2007.

TARDÁGUILA, Cristina; GAMA, Júnia. EUA espionam Dilma: "Fantástico" revela que Agência Americana rastreou telefonemas, e-mails e celular da presidente. *O Globo*, País, 2 set. 2013, p. 3. Disponível em: https://acervo.oglobo.globo.com/consulta-ao-acervo/?navegacaoPorData=201020130902. Acesso em: 17 mar. 2022.

TARDELLI, B. Muita convicção, nenhuma prova: o raio-x da sentença de Moro no caso Triplex. *Justificando*, 13 jul. 2017. Disponível em: http://justificando.com/2017/07/13/muita-conviccao-nenhuma-prova-o-raio-x-da-sentenca-de-moro-no-caso-triplex/. Acesso em: 5 dez. 2020.

TEMER, Michel. A escolha: como um presidente conseguiu superar a grave crise e apresentar uma agenda para o Brasil. Entrevistas a Denis Rosenfield. São Paulo: Noeses, 2020.

TOKATLIAN, Juan Gabriel. Neogolpismo. *Página 12*, Buenos Aires, 13 jul. 2009. Disponível em: www.pagina12.com.ar/diario/elmundo/subnotas/128159-41146-2009-07-13.html Acesso em: 17 mar. 2022.

TOMAZ JR., Rogério. Quando Carla Zambelli cuidava do acesso aos banheiros cedidos pela Fiesp, 2016. Disponível em: www.youtube.com/watch?v=Jy_GRa2bqM0. Acesso em: 7 dez. 2020.

TOMAZELA, José Maria. Com disparada da inflação, pé de frango, antes rejeitado, se torna a "carne possível". *Uol*, Economia, Sorocaba, 18 set. 2021. https://economia.uol.com.br/noticias/estadao-conteudo/2021/09/18/antes-rejeitado-pe-de-frango-agora-e-a-carne-possivel.htm. Acesso em: 11 out. 2021.

TRIBUNAL SUPERIOR ELEITORAL (TSE). Facebook e YouTube têm 48h para retirar do ar vídeos com inverdades sobre livro de educação sexual. *TSE*, 16 out. 2018. Disponível em: www.tse.jus.br/imprensa/noticias-tse/2018/Outubro/facebook-e-youtube-tem-48-horas-para-retirar-do-ar-videos-com-inverdades-sobre-livro-de-educacao-sexual. Acesso: 6 dez. 2020.

TUROLLO JR., Reynaldo; CASADO, Letícia. STF rejeita *habeas corpus* de Lula, que deve ser preso. *Folha de S.Paulo*, Poder, 5 abr., 2018, p. A4. Disponível em: https://acervo.folha.com.br/leitor.do?numero=48240&anchor=6083484&origem=busca&originURL=&pd=a3e1dec53439e07dd229d4919009e248 Acesso em: 18 mar. 2022.

UNITED AGENCY FOR INTERNATIONAL DEVELOPMENT (Usaid). Mission, vision and values. Disponível em: https://usaid.gov/who-we-are/mission-vision-values Acesso em: 30 dez. 2020.

DEPARTAMENT OF STATE. UNITED STATES OF AMERICA (USA). *Biographies*: Liliana Ayalde. U. S. Department of State, Diplomacy in action, 2017. Disponível em: https://2009-2017.state.gov/r/pa/ei/biog/108806.htm. Acesso em: 12 jan. 2021.

UOL. Número de brasileiros em lista de bilionários da *Forbes* sobe de 42 para 58. *Uol*, São Paulo, 5 mar. 2019. Disponível em: https://economia.uol.com.br/noticias/redacao/2019/03/05/bilionarios-forbes-brasil-brasileiros.htm. Acesso em: 2 out. 2021

UTA, I. C. 5G and The 4th Industrial Revolution. *Brand Mind*, 18 mar. 2019. Disponível em: https://brandminds.live/5g-and-the-4th-industrial-revolution/. Acesso em: 10 jan. 2022.

VALOR ECONÔMICO. Nova composição do Congresso é a mais conservadora desde 1964. *Valor*, Política, 5 jan. 2015. Disponível em: https://valor.globo.com/politica/noticia/2015/01/05/nova-composicao-do-congresso-e-a-mais-conservadora-desde-1964.ghtml. Acesso em: 22 nov. 2020.

VIANA, Natalia. O impacto dos algoritmos do Facebook e Google na democracia. [Entrevista com Marco Aurélio Canônico (*Folha de S.Paulo*), Eugênio Bucci (colunista da revista *Época*), Joana Varon (diretora da Coding Rights) e Ivana Bentes (pesquisadora da UFRJ)]. *A Pública*, 24 maio 2018. Disponível em: https://apublica.org/2018/05/o-impacto-dos-algoritmos-do-facebook-e-google-na-democracia/ Acesso em: 14 jan. 2021.

VIANA, Natalia; NEVES, Rafael. O FBI e a Lava Jato. *Agência Pública*, 1 ago. 2020. Disponível em: https://apublica.org/2020/07/o-fbi-e-a-lava-jato/ Acesso em: 20 jan. 2021.

VISENTINI, Paulo G. F. *A projeção internacional do Brasil*: 1930-2012. Rio de Janeiro: Elsevier, 2013.

VISENTINI, Paulo G. F. *O Grande Oriente Médio*: Da descolonização à primavera Árabe. Rio de Janeiro: Elsevier, 2014.

VISENTINI, Paulo G. F. Para uma concepção marxista das Relações Internacionais: a contribuição do materialismo histórico. *In*: DAVID, T. D.; SILVA, M. B. O. DA (eds.) *Marxismo, Direito e Relações Internacionais*. Rio de Janeiro: Lumen Juris, 2019.

VITULLO, Gabriel.; SILVA, Fabrício Pereira da. O que a ciência política (não) tem a dizer sobre o neogolpismo latino-americano? *Revista de Estudos e Pesquisas sobre as Américas*, Brasília, v. 14, n. 2, 2020.

WALLERSTEIN, Immanuel. *O declínio do poder americano*: os Estados Unidos em um mundo caótico. Rio de Janeiro: Contraponto, 2004.

WIZIAKI, Julio. J&F recebe ultimato para acordo de leniência no valor de R$ 11,2 bi. *Folha de S.Paulo*, Poder, 20 maio 2017, p. A 13. Disponível em: https://acervo.folha.com.br/leitor.do?numero=47832&keyword=Temer&anchor=6053257&origem=busca&originURL=&pd=de949fbb6456d44d429c87e9b128be63 Acesso em: 18 mar. 2022.

YAPUR, Felipe. Evo Morales: "El embajador de Brasil participo del golpe contra mi gobierno". Entrevista com el presidente de Bolivia. *Página 12*, 9 jun. 2020. Disponível em: https://www.pagina12.com.ar/271079-evo-morales-el-embajador-de-brasil-participo-del-golpe-contr. Acesso: 21 out. 2020.

YEROS, Paris.; MOYO, Sam. El resurgimiento de los movimientos rurales bajo el neoliberalismo. *In*: MOYO, S.; YEROS, P. (eds.) *Recuperando la tierra*: el resurgimiento de movimientos rurales en África, Asia y América Latina. Colección Sur/Sur. Buenos Aires: CLACSO, 2008.

ZANIN, Cristiano; MARTINS, Valeska; VALIM, Rafael. *Lawfare*: uma introdução. São Paulo: Contracorrente, 2019.

Sítios consultados
Acervo *Folha de S.Paulo*: https://acervo.folha.com.br/
Acervo *O Globo*: https://acervo.oglobo.globo.com/
Atlas Network: www.atlasnetwork.org/
The Observatory of Economic Complexity: https://oec.world/en/

Posfácio

Miguel Enrique Stedile[*]

Desde que foi introduzido no Brasil, o termo "guerras híbridas" tem sido usado de forma indiscriminada, e não poucas vezes erroneamente. Como o leitor percebeu, o trabalho de Mateus Mendes – dentro e fora do ambiente acadêmico – é movido pelo rigor no uso do conceito, na sua fundamentação e na análise. Fica evidente que o Brasil foi alvo de uma densa articulação de táticas e métodos desde a ação de *think tanks* ao recrutamento e ação de operadores com interesses estranhos à soberania nacional. Um conjunto de procedimentos que permaneceu disponível para as eleições em 2018 e para ação contínua da direita brasileira mesmo depois do golpe de 2016.

A questão que se coloca então, após a leitura, é como desarticular este aparato que permanece ativo e operante? Ou ainda, como impedir que o país seja novamente alvo deste tipo de operação? Evidentemente – a leitura também nos demonstra isso – são perguntas que não permitem respostas simples. As piores respostas seriam aquelas que, ao contrário do que fez o autor, desprezassem o rigor, a ciência e o método da análise para entregarem-se à algum tipo de "pensamento mágico".

Não existe, portanto, receita pronta. Ainda mais galgando o terreno da geopolítica em mundo altamente globalizado e diante de um contexto de disputa entre duas gigantescas potências e na disputa acirrada pelos bens da natureza e o apoio político do Sul Global que fornecem um conjunto de atores e variáveis muito mais complexos.

---

[*] Doutor em História pela Universidade Federal do Rio Grande do Sul e integrante do Front – Instituto de Estudos Contemporâneos.

Em contrapartida, cabe também recusar uma das interpretações equivocadas do conceito que identifica as digitais das "guerras híbridas" em todos os movimentos e em qualquer ação da política que as tornam onipotentes e oniscientes – ainda que apenas os seus "iluminados" analistas tenham capacidade de vê-las e precisam nos alertar arrogantemente do que não vemos –, praticamente indestrutíveis.

Ora, as táticas de guerras híbridas fracassaram em muitos países, inclusive entre nações sul-americanas. Identificar o motivo do sucesso e a resiliência destas experiências pode ser um trajeto para responder às questões enunciadas anteriormente.

Uma primeira e talvez uma das mais importantes características é de que os alvos da guerra híbrida representavam e portavam um projeto soberano nacionalmente, com ambições de inserção autônoma e independente, ou ao menos com dignidade e respeito na arena geopolítica mundial. Isso ocorre ao mesmo tempo que internamente se propõem a superar séculos de desigualdades sociais e negação de direitos aos setores mais empobrecidos e explorados da sociedade. Se estas características são suficientes para serem consideradas hostis pela potência inimiga, também é o mínimo necessário para conter ou enfrentar estes ataques com o apoio de parte significativa da população. O alvo de recrutamento e manipulação das guerras híbridas são os civis do próprio país. Se estes sentem-se acolhidos, representados e protegidos por um Estado nacional, tornam-se presas mais difíceis mesmo para as sofisticadas técnicas de psicologia e comunicação.

Quase simultaneamente a esta primeira, ou ainda, uma condição anterior, é a existência de instituições e de um ambiente realmente democráticos no país. E aqui me refiro não apenas aos poderes formais e constituintes, mas também aos meios de comunicação. Quanto mais elitista, menos participativo, mais concentrado e alijado de sua própria população, maior a fragilidade do alvo.

Por fim, não basta que esta população esteja convencida da justiça ou da correção deste projeto nacional e soberano, é necessário que ela seja protagonista dele, que esteja organizada e em movimento para construí-lo e, portanto, para defendê-lo. Não basta que haja consciência, mas é imprescindível que esta consciência seja permanentemente alimentada e reafirmada. E reafirmada não por palavras de ordem ou pela publicidade, mas pela participação efetiva na elaboração, desenvolvimento e aprimoramento deste projeto nacional.

Aos países que abandonam qualquer perspectiva de autonomia, independência e soberania na arena geopolítica contemporânea, aos adeptos de modernas vassalagens e subordinações, a estes a guerra híbrida é por demais sofisticada. Eles próprios já operam em favor dos interesses estrangeiros e poupam o tempo e a energia aos seus senhores. Evidentemente, só há guerra híbrida onde há resistência. Mas apenas ela não é suficiente. Derrotá-la e evitar novos ataques depende necessariamente de que esta esteja organizada e mobilizada e a serviço de um projeto popular e soberano.

Porto Alegre, outubro de 2021.

Sobre o autor

Mateus Mendes é bacharel em Geografia (UFF), mestre em Ciência Política/Relações Internacionais na Universidade Federal do Estado do Rio de Janeiro (Unirio) e doutorando em Economia Política Internacional na UFRJ, além de professor da Rede Municipal de Duque de Caxias. Pesquisador do Grupo de Pesquisa em Relações Internacionais e Sul Global (Grisul), atua nas áreas de Ciência Política, Relações Internacionais e Geografia Política. Pesquisa hegemonia, geopolítica, instabilidade política na América Latina, neogolpismo e guerras híbridas.